70 Play Activities for Better Thinking,
Self-Regulation, Learning & Behavior

给儿童的70个游戏活动

促进思维和执行功能发展

［美］Lynne Kenney，Rebecca Comizio 著

冀巧玲 译

图书在版编目（CIP）数据

给儿童的70个游戏活动：促进思维和执行功能发展／（美）琳恩·肯尼（Lynne Kenney），（美）丽贝卡·科米齐奥（Rebecca Comizio）著；冀巧玲译. —北京：中国轻工业出版社，2020.3（2024.8重印）

ISBN 978-7-5184-2637-9

Ⅰ. ①给… Ⅱ. ①琳… ②瑞… ③冀… Ⅲ. ①智力游戏-儿童读物 Ⅳ. ①G898.2

中国版本图书馆CIP数据核字（2019）第262544号

版权声明

Copyright © 2016 by Lynne Kenney, Rebecca Comizio
Published by PESI Publishing & Media, PESI, Inc.
Chinese translation Copyright © Beijing Multi-Million New Era Culture and Media Company, Ltd.

责任编辑：林思语　　责任终审：腾炎福
策划编辑：戴　婕　　责任校对：刘志颖　　责任监印：吴维斌

出版发行：中国轻工业出版社（北京鲁谷东街5号，邮编：100040）
印　　刷：三河市鑫金马印装有限公司
经　　销：各地新华书店
版　　次：2024年8月第1版第6次印刷
开　　本：880×1230　1/24　印张：11
字　　数：110千字
书　　号：ISBN 978-7-5184-2637-9　定价：48.00元
读者热线：010-65181109，65262933
发行电话：010-85119832　传真：010-85113293
网　　址：http://www.chlip.com.cn　http://www.wqedu.com
电子信箱：1012305542@qq.com
版权所有　侵权必究
如发现图书残缺请拨打读者热线联系调换
241110Y2C106ZYW

译者序

游戏是儿童生活中最重要的组成部分，也是儿童最喜欢的活动，儿童通过游戏来认识世界。游戏不仅有利于儿童的身体发育，还能够促进儿童运动、认知、情绪情感和个性社会性等方面的健康发展。《给儿童的70个游戏活动》这本书就是关于游戏的，作者在书中阐述了为什么要游戏和怎样游戏。

本书由琳恩·肯尼（Lynne Kenney）和丽贝卡·科米齐奥（Rebecca Comizio）共同编著。肯尼博士毕业于哈佛大学，是一位儿童心理学家，同时也是一名国际教育家。丽贝卡是一位获得美国国家认证的学校心理学家。两位作者多年来一直致力于帮助儿童提高认知、情感、学习和行为技能等各方面的发展。书中介绍的游戏活动都来自作者数十年的教育实践，这些活动对儿童发展的促进作用经过反复验证，又在实践中灵活运用，持续创新。

本书的主要内容共六章，可分为两大部分。前两章主要介绍本书的理论背景，后四章详细介绍了70多个游戏活动的具体操作过程。神经科学领域的发展让我们对大脑的工作方式有了更深入的了解，如大脑活动的节律性、运动对执行功能的促进作用、运动对神经营养因子的增强作用等。作者在这些发现的基础上设计游戏活动，有针对性地促进儿童某些方面的发展。同时，研究也发现动作发展和运动有助于思维和学习的提高，体育活动可以促进认知能力的发展。这些研究也证明了游戏活动对于儿童各方面发展的促进效果。

在后四章的游戏活动中，每章的活动目的各有侧重。书中的每项活动都介绍得非常详细，包括活动目的、所需材料、可以练习的技能、具体的指导语举例以及活动前准备和活动后总结所用到的表单等，具有很强的实用性，读者可以直接应用。

第三章的游戏侧重于音乐思维的培养和运用。音乐思维是一种认知能力增强策略，是作者在和儿童一起玩数学和阅读游戏时开发的。音乐思维运用范围非常广泛，可用于思维、自控、行为和学习等方面的活动。本章介绍的音乐思维活动分为三个部分，其中包括 9 项运用音乐思维进行运动探索的活动，6 项让儿童自己编排音乐思维作品的活动，以及音乐思维在认知发展方面的应用。

第四章的游戏侧重于提高儿童的执行功能和思维能力，共 35 项游戏活动，可改善儿童的批判性思维、情绪调节、注意、冲动控制、抑制、记忆策略和决策等。

第五章的游戏侧重点是自我调节，作者通过 24 项游戏活动探索了与自我调节有关的能量管理的各个方面。情绪状态会影响认知能力，情绪状态不平静或不协调会使认知能力受损。将这些帮助儿童头脑和身体保持平静的游戏活动应用于教学实践，可以让儿童在思维、行为和学习方面发生显著的变化。

第六章的游戏侧重于运用音乐思维来教授数学，即数学游戏。本章介绍了 7 项数学游戏活动，这些活动有内在的逻辑顺序，是一个循序渐进的数学学习过程。让儿童通过游戏和运动来学习数学，不仅过程有趣，让儿童乐于参与，减少儿童的焦虑，还可以顺便发展儿童的语言、社交和沟通技巧等。

本书中的游戏活动主要适用于 6—12 岁的儿童，也可用于更宽泛的年龄段或人群中。这些活动设计巧妙，不仅教给儿童大脑是如何工作的，还让孩子们明白一项特定的活动是如何促进思维、改善行为的。这样儿童就可以成为更清醒、

译者序

更主动的学习者，在学习和行动过程中可以随时进行自我监控。我认为，这是这些游戏活动最重要的一个特点，也是我想把这本书推荐给读者最主要的一个原因。在翻译过程中，我不止一次地感叹于书中游戏活动设计的精妙！

现代社会，尤其是随着电子设备的普及，儿童的游戏和运动时间普遍减少。儿童和青少年期是身心发展的重要时期，运动量不足不仅会影响儿童的身体发育和认知发展，还可能对成年后的身心健康产生不利影响。本书中的很多游戏活动都涉及大动作运动，而这些活动又不限场地，在办公室、教室或家里等并不宽敞的室内环境也可以进行，非常有利于保证儿童的运动量。临床工作者、教师和家长可以根据自己的目的或儿童的需要灵活选用这些游戏活动。在选择活动时，要注意活动与儿童现有发展水平相匹配，同时又能够促进儿童向更高水平发展。

在进行游戏活动时，我们要特别注意一点，所有的活动都不是一成不变的，可根据儿童的具体情况进行调整，让活动去适应儿童，做到具体化和个性化，而不是生硬地照搬书中的活动。游戏的进行过程也是一个持续创新的过程，我们可以在本书介绍的游戏活动的启发下自己创造更多的游戏活动。这一点也是作者在书中反复强调的。另外，在游戏活动的选择和调整过程中，让儿童尽可能多地参与其中，这样可以提高儿童的学习动机和学习效果。总之，在游戏过程中，要始终保持灵活性和创造性。

本书的翻译工作主要由我完成。本人虽为心理学专业人士，但因水平有限，翻译难免有不妥之处，敬请广大读者和各位专家批评指正。

冀巧玲

2019 年 12 月于北京

题献

在我很小的时候,母亲教我如何满怀热情地读书和玩耍。从图画书到茶话会,我的家人都很鼓励大家发挥创造力和想象力。谨以此书献给我的母亲,因为她注重充满爱的交流、依恋和游戏;以及我的父亲、兄弟、先生和我们的孩子,因为他们对教育、家庭和社区承担起的责任。我们互相支持,互相鼓励。我希望这本书能激励你树立信心,并获得用善良和关怀来帮助你的学生、来访者和家人的能力。

琳恩·肯尼,心理学博士

这部著作献给我的4个孩子,他们的成长和学习让我的生活充满灵感;同时献给我的先生,他的爱、支持和陪伴让我胸怀大志。

丽贝卡·科米齐奥,文学硕士,教育硕士,美国认证学校心理学家

作者简介

琳恩·肯尼（Lynne Kenney），心理学博士，毕业于哈佛大学。她是两个孩子的母亲，一名国际教育家，同时也是亚利桑那州斯科茨代尔市的儿童心理学家。肯尼博士与温迪·杨（Wendy Young）共同撰写了《布鲁姆：应对焦虑、愤怒和过激儿童时要说的、思考的和做的50件事》(Bloom: 50 Things To Say, Think And Do With Anxious, Angry and Over-the-top Kids)，并著有《家庭教练方法》(The Family Coach Method)一书。她最近出版的数字图书《音乐思维：教孩子如何思考的步骤》(Musical Thinking: Steps to teach Children How They Think)介绍了提高执行功能技能的直接指导方法。

肯尼博士曾在哈佛医学院附属麻省总医院和加州大学洛杉矶分校哈勃医学中心/加州大学洛杉矶分校医学院接受法医心理学和儿童发展心理学的专科培训。在面向4 000多名临床工作者、家长和教师的"激发大脑智慧（Bloom BrainSmarts）"的演讲中，肯尼博士将神经科学、运动机能学和音乐研究相结合，通过运动来提高执行功能、社会性-情绪技能和学业技能。琳恩博士的公益项目"玩转数学（Play Math）"帮助6-12岁的儿童通过在操场上玩球和呼啦圈来学习数学知识，以获得更好的代数思维。

丽贝卡·科米齐奥（Rebecca Comizio），文学硕士，教育硕士，美国国家认证学校心理学家（The Nationally Certified School Psychologist，NCSP）。她是4个孩子的母亲。她敬业、积极进取，致力于利用她的教育、培训和生活经验给儿童及其家庭带来积极的影响。丽贝卡将她的教育和心理学研究应用于支持学生的社会性-情绪和心理需求，以使他们更有能力在学术环境中获得成功和发展。她通过不断学习，在康涅狄格中央州立大学获得哲学与英语教育学士学位，在哥伦比亚大学师范学院获得哲学与教育硕士学位，在爱奥纳学院获得学校心理学硕士学位和专业证书。丽贝卡目前就职于康涅狄格的一所私立学校——斯丹威治中学，担任学校心理学家和社会性-情绪学习主任。

目录

引言 ·· 1

    关于你 ·· 2

    儿童喜欢教 ·· 3

    这一切的起点 ·· 4

    创业技能 ·· 5

    这本书的特点 ·· 6

    如何使用这本书 ·· 9

第一章　科学与 70 个游戏的结合 ·································· 11

    为什么体育活动如此重要 ·· 14

    体育活动、学业成绩与认知功能 ···································· 15

    运动发展与认知表现 ·· 18

    认知锻炼 ·· 19

    同步 ·· 21

    有节律的大脑 ·· 22

    执行功能 ·· 24

第二章　教儿童大脑是如何工作的 ················ 31

为什么我们要教儿童大脑是如何工作的 ················ 31
怎样教儿童大脑是如何工作的 ················ 34

第三章　音乐思维 ················ 37

运动探索、音乐创作和认知应用 ················ 40
音乐思维运动探索介绍 ················ 40
什么时候使用音乐思维 ················ 42
我们如何教儿童音乐思维 ················ 46
活动 1　音乐思维——运动探索：踏步! ················ 49
活动 2　音乐思维——运动探索：数音乐集 ················ 51
活动 3　音乐思维——运动探索：四分音符提取 ················ 52
活动 4　音乐思维——运动探索：二分音符编码 ················ 54
活动 5　音乐思维——运动探索：全音符思维 ················ 56
活动 6　音乐思维——运动探索：有时候你需要休息 ················ 58
活动 7　音乐思维——运动探索：按照四分音符行走 ················ 59
活动 8　音乐思维——运动探索：遇见爱的音符 ················ 60
活动 9　音乐思维——运动探索：音乐思维与日常生活 ················ 66
音乐思维和音乐作品 ················ 67
活动 1　音乐思维——作曲：两步舞 ················ 70
活动 2　音乐思维——作曲：小简·方达 ················ 71
活动 3　音乐思维——作曲：音乐思维乐队 ················ 72
活动 4　音乐思维——作曲：我们是作曲家! ················ 73

活动 5　音乐思维——作曲：步行作曲 ························· 75
活动 6　音乐思维——作曲：音乐运动作曲 ····················· 76
一种全新的学习和交流方式 ·· 78
音乐思维：更多的认知应用——认知线索 ························· 78
更多的认知评论 ·· 87

第四章　促进执行功能的思维活动 ································ 91

活动 1　思维：目的圈 ·· 92
活动 2　思维：复制猫！·· 95
活动 3　思维：排序！·· 97
活动 4　思维：颜色词游戏 ·· 99
活动 5　思维：我的愤怒管理器 ··································· 101
活动 6　思维：我要去野餐 ······································· 105
活动 7　思维：任务游戏的各部分 ································· 107
活动 8　思维：（保持平静和联结）说什么最好 ····················· 109
活动 9　思维：什么对我有用？··································· 113
活动 10　思维：袋子里是什么？··································· 117
活动 11　思维：我是间谍侦探 ····································· 119
活动 12　思维：我爱我的备忘录 ··································· 121
活动 13　思维：备忘录的使用 ····································· 122
活动 14　思维：击退内心的恶霸：元认知 ··························· 123
活动 15　思维：加工速度前期准备工作表 ··························· 125
活动 16　思维：游戏日 ··· 126
活动 17　思维：料斗 ··· 129

活动 18　思维：让我想想 ………………………………………… 134
活动 19　思维：这对我有什么好处? ……………………………… 136
活动 20　思维：下面是什么 ………………………………………… 139
活动 21　思维：手电筒技术 ………………………………………… 142
活动 22　思维：小组故事 …………………………………………… 146
活动 23　想象一下——我很有条理! ……………………………… 148
活动 24　思维：彩色数字跳一跳 …………………………………… 149
活动 25　思维：停下来想想占卜师 ………………………………… 151
活动 26　思维：棒球分享与讲述 …………………………………… 153
活动 27　思维：找到"它"（找到领队） ……………………………… 154
活动 28　思维：脚本 ………………………………………………… 156
活动 29　思维：整理策略——思考、制订策略、观察、反应 …… 158
活动 30　思维：我现在能看清楚了 ………………………………… 161
活动 31　思维：我的注意力引擎 …………………………………… 163
活动 32　思维：手指思维 …………………………………………… 165
活动 33　思维：我拿着谁的果冻豆? ……………………………… 166
活动 34　思维：给它系个蝴蝶结 …………………………………… 169
活动 35　思维：我会给它 10 ………………………………………… 171

第五章　自我调节平静与警觉的活动 ……………………… 173

活动 1　自我调节：情绪捉迷藏 …………………………………… 174
活动 2　自我调节：定格舞 ………………………………………… 176
活动 3　自我调节：拜日式 ………………………………………… 177
活动 4　自我调节：登山者发射 …………………………………… 179

活动 5　自我调节：五声音阶钢琴 ·· 181
　　活动 6　自我调节：变成一棵树 ·· 183
　　活动 7　自我调节：中央 C O-H-M ··· 185
　　活动 8　自我调节：家庭乐队 ··· 187
　　活动 9　自我调节：和我一起走 ·· 189
　　活动 10　自我调节：肩膀发射 ··· 190
　　活动 11　自我调节：就座 ··· 192
　　活动 12　自我调节：弓步跳 ·· 194
　　活动 13　自我调节：四个角落 ··· 196
　　活动 14　自我调节：大本钟 ·· 197
　　活动 15　自我调节：火山 ··· 199
　　活动 16　自我调节：节奏球 ·· 201
　　活动 17　自我调节：翻转和推 ··· 203
　　活动 18　自我调节：双人拍球 ··· 205
　　活动 19　自我调节：摇摆 V ·· 207
　　活动 20　自我调节：假想匹克球 ·· 209
　　活动 21　自我调节：手掌匹克球 ·· 211
　　活动 22　自我调节：镜像匹克球 ·· 213
　　活动 23　自我调节：乒乓球 ·· 215
　　活动 24　自我调节：我拍手，你拍手 ·· 217
　本章小结 ·· 218

第六章　音乐思维与玩转数学 ·· 219
　简单的基础"玩转数学"概念 ·· 220

建立节奏 ·· 221
活动 1　玩转数学：按节拍传球 ·· 223
活动 2　玩转数学：按节拍传球——方形轨迹 ······················ 225
活动 3　玩转数学：按节拍拍球——拍大球 ··························· 227
下一步：镜像数数 ··· 229
活动 4　玩转数学：镜像数数 ·· 231
活动 5　玩转数学：跳跃式数数 ·· 233
活动 6　玩转数学：滑动 ·· 234
活动 7　玩转数学：重复节拍 ·· 236
本章小结 ·· 238

结语 ··· 239

参考文献 ··· 241

致谢 ··· 243

引言

　　游戏让世界转动。我们经常听到一句话："游戏是童年的语言。"的确如此，在生命的最初几个月中，幼儿通过游戏来发展他们的认知、运动和学习技能。在安全的关系中游戏不仅有助于幼儿的技能发展，还能帮助他们培养安全感、掌控感、自信心和独立性。

　　游戏是把人类团结在一起的基础活动。从一开始，甚至在语言产生之前，人类就有了游戏。我们通过声音、非言语的手势和运动来游戏，共同成长为社会人（Lieberman, 2013）。

　　当人们知道我从事儿童大脑发育教育时，他们经常问我："我能做些什么来帮助孩子充分发挥他的潜能呢？"尽管有很多关键因素，比如高质量的营养（不含杀虫剂、除草剂和添加激素）、情感协调和身体安全，但一旦"前三名"要素得到满足，我就建议家长到地板上和孩子们一起做游戏。"现在做游戏，以后做游戏，一直做游戏。"

　　费城爱因斯坦医疗中心（Einstein Medical Center）的希尔达·卡巴利（Hilda Kabali）博士报告称，即使在当下的数字时代，1岁以下的美国幼儿中有三分之一玩过平板电脑或智能手机，但游戏仍然是我们认知、运动和社会互动的核心。

　　本书就是关于游戏的：如何游戏，何时游戏，在哪儿游戏，用什么游戏。这些活动来自过去30年中涉及2 000多名儿童的临床和教育工作。本书中的活动都是我们自创的,它们都是特别设计的,旨在通过将神经科学应用于临床实践来提高思维、自我调节和学习。

关于你

如果你是一名临床工作者或教师,专门负责注意力、专注力、注意力分散、计划、组织、目标设定、时间管理、任务启动、任务完成、冲动控制、情绪管理或抑制等方面存在问题的儿童,你会花大量时间帮助儿童培养有助于取得成功的策略;你会召开小组会议,制订个性化教育计划(individualized Educational Program,IEP)目标,执行任务分析,寻找创新的方法来提高儿童的各种技能。

你可能经常要在网上或书中搜索有助于满足儿童需求,达到治疗目标的活动。这本书便是为你设计的。当你为某个特定儿童、儿童群体甚至是整个班级设计一节课或一系列课程时,你需要用到的正是这本书。

我喜欢把这本书看作一个启发灵感的食谱盒。书中的每项活动都非固定不变的,应该把它们看作你自己创造力的"起跳点"。通过调整和改进,利用这些活动来满足临床和教学的实际考虑。我们在书中提供了工作表、文字和活动,你可以在此基础上自由地创建自己的活动。我们鼓励你让儿童也参与进来。

关于这一点,我可以举个例子。在与温迪·杨合著的前两本书中——《家庭教练方法》和《布鲁姆:应对焦虑、愤怒和过激儿童时要说的、思考的和做的50件事》——有一项情感识别和情绪管理的活动,叫作"愤怒山"。我用这个活动至少有 10 年了，孩子们都很喜欢。

一天，在做愤怒山活动时，和我一起玩的那个孩子说："嘿，琳恩医生，愤怒山上下颠倒了。爆炸点位于山顶，但可以书写的区域是最小的。事实上，山最大的部分应该在山顶，因为我的爆炸非常猛烈！"我告诉他，他说得完全正确。那天晚上我回到家后重新制作了愤怒山。我鼓励你在运用本书中的活动时也这样做。根据你的想法或儿童的需要，使活动个性化和具体化。

儿童喜欢教

我们还会和儿童做另一件事，我希望在本书开始时提到这一点。有时我会在工作时对孩子们说："我们来表演吧？""我们来做个游戏吧？"举个例子，我和两个天赋异禀的孩子共同创造了"拜日式"。当儿童改变、改进甚至创造出一个全新的游戏时，我有时会说，"珍妮，太棒了，我敢肯定会有很多孩子从这个活动中得到帮助。我们给这个游戏起个名字吧。当我帮助其他孩子的时候，你就知道你在精神上也在帮助他们。"我面对的许多儿童都见过很多治疗师，他们的问题已经持续了相当长的时间。当我们在活动时说："嘿，这真是个好主意，我们可以用这个活动帮助很多孩子。"儿童往往会感到被感激、尊重和赞美。此外，儿童不再扮演患者的角色，这个角色他们可能已经扮演了很长时间，他们开始扮演导师、教师和助人者的角色。对于一个多年来一直在努力培养新思维、新感觉和新技能的孩子来说，这是一次有益的经历。

这就是最终的结果。**在我们的活动中，如书中所提到的，我们希望孩子们**

能感受到成长、能力和对他们艰苦奋斗的赞美。这是他们应得的!

这一切的起点

回想过去,我想这本书的内容始于1972年哈伯德·伍兹小学的操场,那时,我发现自己很擅长"抓子游戏"。作为一个有点害羞的小女孩,我在小学的时候并非位于社会等级的顶端。但有一天我在抓子游戏中战胜了一个超级受欢迎的三年级学生之后,一切都变了。啊,游戏的力量!突然间,我就成了"孩子王",成了抓子游戏的顶级玩家和未来的游戏专家。

时间很快到了1984年,我在南加州大学获得了体育教育硕士学位。我知道,这听起来不是很吸引人。现在人们称之为运动神经学或神经科学,这个名称更酷。在那个流行浓密的头发和麦当娜的20世纪80年代,我获得了体育心理学专业的体育硕士学位。

我比较幸运,因为1984年奥运会在洛杉矶举行。我们运动心理学的专业人士被要求与一些奥运会运动员做想象练习。所以,早上6点我就会去田径场、游泳馆或棒球场,通过在头脑中想象理想的撑竿跳、最快的赛跑和获胜时刻等,来训练紧张的运动员。想象发挥了作用,这只是开始。

2007年,由于我与美国开端计划协会(The National Head Start Association)

的关系比较密切，有人把我推荐给火星体育（SPARKPE）*。我参加了他们为期两天的幼儿培训课程，观察到玩球和呼啦圈真的能让幼儿的身体和思维活跃起来。作为一名儿童心理学家，我开始将运动和游戏融入对多动症（又称注意缺陷/多动障碍，attention deficit/hyperactivity disorder，ADHD）、焦虑和学习障碍儿童的治疗中。当我们在游戏中培养儿童更好的持续性注意力、冲动控制、问题解决和自我调节时，很明显我们可以通过整合儿科、职业疗法、音乐疗法、艺术疗法和体育方面的已有知识来真正提高儿童的思维、运动和自我调节能力。这就是本书的演变历史。

创业技能

在学习关于执行功能、专注力和自我调节能力的研究时，我经常惊讶地发现，我们在实践中所做的活动提高了生活技能，但却不仅限于此。我们教授的技能是一种不同的技能，它们几乎可以称为"未来技能"。

我很难找到一个词来形容我们在办公室里和儿童一起培养的技能。我甚至让一群曾去过我家的同事进行头脑风暴，讨论马林·科弗的育儿2.0领导力计划（Marlaine Cover's Parenting 2.0 Leadership Initiative）中为了更好地满足这个时代学生的需求，而进行教育变革的最基本的方式，"未来需要的技能是什么？"

---

* SPARKPE致力于改善儿童、青少年和成人的健康，通过向教师和活动主持者传播以证据为基础的项目，服务于从幼儿园到12年级的学生。——译者注

然后，有一天，我和来自英国的育儿作家休·阿特金斯（Sue Atkins）聊天，她像往常一样说："我有一个同事想介绍给你。"她名叫洛林·奥尔曼（Lorraine Allman），是英国企业技能学习项目"创业儿童（Enterprising Child）"的成员。当时，我犹如醍醐灌顶，"是的，就是它！我们正在教授儿童创业技能。"我们的下一代将面临与当今截然不同的社会和学术环境，他们要利用目前尚不存在的技术去为尚未创造出的工作制订计划、做好准备并取得成功，为了这个目标，他们需要高水平的人际关系能力、问题解决能力和思维能力才可以胜任，才能在这样的时代成为一名成功的社会人士。我们所教授的正是这样的技能。

所以当你读到这本书中的活动时，我引用了一些具体的、神经心理学导向的技能，每一项活动都可能非常适合于提高创业技能，而不仅仅是执行功能和自我调节。保持开阔的思路、创造性和灵活性，那么这些活动将真正帮助你面对的儿童。因为从你知道自己要做的并非简单地达到治疗目标的那一刻起，你将把"完整的我"带到活动中。你正在帮助儿童变得健康、快乐、能干、完整和进取。

这本书的特点

这是一本为临床工作者、教师和家长编写的书，他们渴望将更多的互动游戏引入所爱的孩子们的生活中。这本书的主旨是基于布鲁姆的合作哲学，温迪·杨和我在《布鲁姆：应对焦虑、愤怒和过激儿童时要说的、思考的和做的50件事》一书中对这一哲学进行了阐述。布鲁姆思维模式有助于让这些活动产生效果。

我们与参与活动的儿童之间的互动是友好、合作和关爱的。当我们从惩罚性或纠正性的立场转向合作解决问题、尊重儿童真实的观点和经验、与儿童合作的立场时，儿童的学习和行为就会自然地改善。思维和自我调节技能包括身心关系、关系连接对学习的影响以及成长和发展的关系环境。改善思维能力根植于人际关系中；这就是成长之所在。

本书中的活动大多是在和儿童一起游戏的过程中创造的，我们在办公室、学校、操场、网球场等地方一起游戏。我们超级幸运，因为，当我和康涅狄格州一位多才多艺的学校心理学家丽贝卡·科米齐奥聊《给儿童的70个游戏活动》这本书时，她慷慨地分享了很多与斯坦威奇学校（Stanwich School）的儿童每周一起玩的执行功能活动；书中的音乐思维部分则受到了纳乔·阿里玛尼（Nacho Arimany）的启发，他是通过我的同事亚历克斯·杜曼（Alex Doman）和先进大脑技术（Advanced Brain Technologies）的希拉·艾伦（Sheila Allen）认识的。我最感激的是我的富有创造力的同事，梅根·加西亚（Megan Garcia）、温迪·杨和梅根·亨特（Megan Hunter），还有你，你们将持续帮助这些活动调整和演变，以适应世界各地不同环境下更大范围儿童的需要。

虽然这本书中的活动是根据经验得出的，但它们不是基于证据的。这些活动是对人体运动学、职业疗法、认知科学、物理疗法和语言疗法的当前研究的创造性回应。这些活动并不是一个正式的"大脑训练项目"，它们的目的是增强目前的治疗方案和教育项目的效果。这本书为临床工作者、教育工作者或家长提供创造性活动，通过游戏提高儿童的思维、自我调节和学习技能。

对于针对多种大脑功能（如听觉加工、工作记忆、注意力、言语、语言，等等）的训练项目，你可能需要研究光明开端（Bright Start），动动脑（Lumosity），智囊浏览器（BrainWare Safari），听力计划（The Listening Program），神经反馈（neurofeedback），心智工具（Tools of The Mind），伊顿-阿罗史密斯（Eaton-Arrowsmith）项目，社会思维（Social Thinking），360度思维和调节区（360 Thinking and Zones of Reglatuion）等项目。

这些项目的研究支持各不相同。有些是自然情境中的临床研究；另一些则有案例研究数据，如听力计划、智囊浏览器；还有一些，如心智工具和伊顿-阿罗史密斯项目等则有同行评议的科学研究为依据。研究结果显示疗效各异。

最好阅读并理解你使用的基于活动的项目的支持研究。你可能感兴趣的人包括伦纳德·库奇奥（Leonard Koziol）、J. P. 达斯（J.P.Das）、卡尔·海伍德（Carl Haywood）、纳乔·阿里玛尼（Nacho Arimany）、亚历克斯·杜曼（Alex Doman）、希拉·艾伦（Sheila Allen）、霍华德·伊顿（Howard Eaton）、芭芭拉·阿罗史密斯-杨（Barbara Arrowsmith-Young）、斯泰西·舒克拉夫特（Stacey Shoecraft）、苏西·孔茨（Suzy Koontz）、让·布莱迪思-马迪根（Jean Blaydes-Madigan）、罗斯·格林（Ross Greene）、马丁·弗莱彻（Martin Fletcher）、朱迪·威利斯（Judy Willis）、托斯卡·雷诺（Tosca Reno）、唐娜·威尔逊（Donna Wilson）、埃里克·杰森（Eric Jensen）、大卫·诺埃尔（David Nowell）、莎拉·沃德（Sarah Ward）、利亚·凯珀斯（Leah Kuypers）、阿黛尔·戴蒙德（Adele Diamond）、安·亚历山大（Ann Alexander）、米歇尔·加西亚·温纳（Michelle Garcia Winner）、安妮塔·维尔纳（Anita Werner）、佐尔顿·迪尼斯（Zolton Dienes）、列夫·维果茨基（Lev Vygotsky）和亚历山大·鲁利亚（Alexander Luria）。

如何使用这本书

本书中有许多活动可供选择。重要的是,不仅要使活动与儿童的发展水平和技能水平相匹配,还要与他们当前的脚手架技能水平相匹配。为了使每一项活动都成为愉快而有用的学习经验,考虑到学生目前的学习能力水平也至关重要。

大多数活动适用于6—12岁的儿童,但我们也与4—72岁的来访者合作过。记住,所有这些活动都提供了宝贵的学习经验。**这些活动都被设计得好玩、有趣、有创意且非常灵活**。

此外,许多活动都是动手实践活动;我们希望儿童在进行这些活动的过程中与你、其他儿童或他们的家人一起互动。我们希望儿童以适应的方式思考如何改变、修改、改进或个性化这些活动,以便更深入地享受它们。

当儿童有机会选择或修改活动时,他们的个人参与度就会增加,从而提高动机和学习效果。因此,不仅要在活动的选择上,而且要在活动的应用上,尽可能地让儿童参与其中。

当儿童从做一件事转向教其他人做这件事时,会运用诸如连续处理、抑制、叙述语言、组织和计划等认知功能。所以,思考、创造、写作、画画、游戏,让儿童尽情发挥。

许多游戏都是以类似火星体育课程的格式编写的。对于这些游戏,你可能希望能复印那一页内容,并将其用作课程计划。其他活动更偏向于叙述的形式,或者可能带有活动图表。在适当的情况下,在一些游戏中,我们写了一些在"技能集"部分与儿童讨论过的执行功能技能。我们不会一次列举所有的技能让孩子们不知所措，我们只在游戏过程中选择一两个技能进行讨论。

对于每一个游戏，我们都鼓励你随意进行调整，使其适应你所面对的儿童、来访者、学生或学校。此外，我希望这些游戏可以启发你创造自己的活动。儿童喜欢编造活动，这样做本身就是一个很好的执行功能发展过程。

最后，我们现在从大脑研究中得知，很多信息的学习和储存都发生在休息的时候。因此，我们需要在学习活动和平静活动、安静学习活动和积极学习活动之间保持适当的平衡，在不同的活动之间留出片刻的时间，让儿童的大脑和身体安静地休息，以达到最佳的学习效果和行为改变。

第一章
科学与 70 个游戏的结合

如果你在过去 10 年里参加过执行功能方面的专业培训，你肯定听研究人员和教育工作者说过，执行功能本质上是大脑皮层（位于大脑额叶）的功能。关于额叶皮层在执行功能的开发和利用中的作用有很多研究。

然而，在过去的 5 年里，利用功能磁共振成像和弥散张量成像等技术的研究进展揭示了皮质-小脑、皮质纹状体和皮质-丘脑回路与思维能力和自我调节能力提高之间的关系。这些回路是连接大脑相关部分以促进大脑功能和交流的神经通路（Mathai & Smith, 2011）。边缘系统和小脑在思维和自我调节中的作用已经成为人们关注的焦点（Koziol & Budding, 2009; Koziol, 2014; Ito, 2011）。

正如科齐奥尔（Koziol, 2014）所报告的，皮质-基底神经节和大脑-小脑回路系统是认知和行为控制的基础。基底节区预测和指导内隐学习行为。基底神经节的反应是大脑中奖励结果系统的核心。小脑皮层网络预测并整合来自感觉运动系统的信息，感觉运动系统是大脑中的初始反馈系统。行为是根据垂直整合的反馈系统进行调整和更改的。这些垂直组织的系统一起运作，代表了认知控制的基础。皮层控制是整个大脑的反应，而不仅仅是大脑某一部分的反应。大脑的工作方式更像是一个管弦乐队，而不仅仅是一组乐器。

在思考大脑解剖学时，我们认识到大脑皮层和皮层下结构的整合在学习和行为中的重要性。我们需要记住，高级认知系统位于皮层下结构，包括边缘系统和小脑。高质量的学习需要适当的整合。随着大脑系统的成熟，在学习和行为的自动化上，小脑的成熟先于前额皮层。学习和行为都储存在小脑中，并由小脑调节。事实上，当我们教孩子一种新技能时，比如如何进行简单的自然拼读，当这种技能熟练到可以自动完成时，前额皮层的反应就会少得多，因为认知控制系统需要处理的信息更少。此外，当技能达到自动化时，工作记忆就不那么费力了，可以释放前额皮层来处理更复杂的信息。行为和学习始于自动化。我观察到，在教给孩子新的行为或学术技能之前，要先建立好大的运动节律，这种大的运动节律会成为一个平台，更高级的认知技能可以在这个平台上发展。

我认为，学习和行为变化的两个前驱因素是节律和节奏，不久的将来，我们将进一步研究这两个因素。尽管我们经常从自然拼读开始讨论阅读，从关于计算能力的对话开始讨论符合-数量匹配，但我在数以百计的孩子身上看到，当我们开始教授有可预期且一致的运动节律和节奏的自我调节、认知控制、行为意图、阅读和数学时，孩子们执行高级行为和学业任务的能力会成倍提高。这是为什么呢？因为运动节律和节奏是行为学习和学术学习的前驱因素。此外，模式是学习的核心元素，它与阅读和数学的速度、节律和节奏一致（Center on the Developing Child, 2015）。

目前的研究表明，基于运动的活动、节律和节奏开启了皮层－纹状体和皮层－

小脑回路的神经通路。这些通路加强了大脑边缘系统、小脑和执行功能系统之间的连接和沟通。这些神经通路是大脑组织和大脑功能的中心，因为它与思维、自我调节和学习有关。

儿童的大动作运动技能、执行功能和学业成绩之间的关系激励临床工作者创造性地将艺术、音乐、运动和游戏融入他们的日常实践中。目前的研究支持运动和认知在培养执行功能技能、自我调节和亲社会行为中的萌芽关系。但是，这项研究还没有进展到研究运动活动、认知控制和学习之间的复杂交互作用。有一些研究是关于下列方面的：

- 运动和认知
- 体育活动和学业成绩
- 身体健康和学业成绩
- 运动输出节奏和多动症
- 运动输出节奏和语法
- 通过电脑练习提高记忆力
- 音乐、认知和学业表现

随着神经科学领域的发展，我们期待看到关于大动作运动、节律和节奏的作用的更具体的研究。

在本书中，当我们教孩子新的行为、自我调节和学业技能时，我们使用音乐思维的基本组成部分和节律运动作为基础活动。然后，我们在自动化的运动节律中加入认知，以提高学习和行为。我们通常以循序渐进的方式增加认知练习的难度，当孩子的经验和学习反应增加时，他们需要更多的训练。举个例子，在我们介绍了音乐思维之后,我们可以把它应用到学习音素、字素、自然拼读,然后到整段文字和完整的叙述说明,比如"如何整理你的背包"。我们通过音乐思维教给孩子们如何在课堂上保持清醒,如何以一种更能被社会接受的方式举手回答问题,如何在学校排队等。

为什么体育活动如此重要

奇怪的是,在过去10年中,我们观察到儿童的运动和锻炼机会减少这一现象,同时,越来越多的文献显示,动作发展、运动和锻炼有助于思维和学习。

在2012年的"美国国家形态(Shape of the Nation)"报告中,有人指出,46个州强制性要求至少某些年级开设体育课。最近,我的同事火星体育的前任执行董事保罗·洛森格德(Paul Rosengard)告诉我,只有6个州要求每个年级都开设体育课。虽然我们很多人都不喜欢体育课的"穿着打扮",但对于许多孩子来说,体育课是他们在学校一天之内必须运动的主要机会。虽然美国联邦政府对学校体育课没有强制规定,但美国卫生与公众服务部(U.S. Department of Health and Human Services)制定的体育活动指南建议,儿童和青少年(6—17岁)每天进行60分钟以上的体育活动,包括有氧运动、肌肉强化和骨骼强化锻炼。

如果你曾使用计步器、运动手环或手机软件来追踪自己的日常锻炼,你会知道,仅仅是在家里或办公室里走来走去,做日常家务活动或照顾孩子,你每天就可以走800~3 000步,这取决于你的活跃性。但是当你每天增加45~60分钟的有氧运动时,你的总步数通常会增加3 000~5 000步。试试吧,你会看到效果的。你经常听说，为了健康，我们需要每天走一万步。确实有研究表明，当每天走一万步时，人的整体健康状况会得到改善，但即使每天走 7 000~8 000 步也可能会改善你的健康。

为什么我们要开始运动，甚至开始计算运动量呢？因为运动和锻炼可以强壮你的大脑和身体。在运动的时候，你的全身氧气循环会增强，包括大脑。氧气可以促进思维。运动已被证明可以改善血液循环，减少糖尿病，改善心脏健康，减轻抑郁和焦虑。此外，锻炼可以改善大脑髓鞘、神经连接和神经递质功能。

神经营养因子，如脑源性神经营养因子（brain-derived-neurotrophic-factor, BDNF），可随着适度锻炼而增加，改善学习、注意力和记忆（Griffin et al. 2011; Ratey, 2013）。神经胶质细胞源性神经营养因子（glial cell-derived neurotrophic factor, GDNF）目前也在研究中。研究显示，GDNF 随着运动似乎在脊髓中增加，保护大脑，避免与年龄相关的认知衰退（Budni, Bellettini-Santos, Mina, Garcez, & Zugno, 2015）。神经营养因子是一种分泌蛋白，在神经功能的突触和神经元生长、修剪、髓鞘化、分化和存活中发挥重要作用。

体育活动、学业成绩与认知功能

虽然有几项研究显示，成人认知能力的提高与锻炼有关，但对儿童认知和锻炼的研究相对较少。有 3 篇综述文章阐述了各种各样的研究成果（Sibley & Etnier 2003; Tomporowski, Davis, Miller & Naglieri, 2008; Diamond, 2015）。

体育活动、学业成绩与认知功能之间的关系研究一般分为两大类：体育活动、健身或锻炼的益处对学业成绩的影响以及体育活动对认知的影响。这些研究在设计、方法和被试特征上有显著差异。一些研究着眼于整体健康与学业成绩之间的关系。其他研究则着眼于锻炼和认知功能之间的关系。就我们的目的而言，成绩通常通过成绩单、标准化测试或特定的考试分数来衡量。认知功能研究通常更具体，并检查执行功能或认知控制方面，如计划、工作记忆或抑制，通常使用神经心理学测试。

以下是当前调查结果的概要：

- 许多研究表明，体育锻炼对儿童有广泛的健康益处。
- 在一些研究中发现，体育锻炼和学习成绩之间存在正相关。
- 观察发现，体育锻炼和一些认知指标之间存在正相关。
- 有报道称，一般体育活动（阻力训练、运动技能训练、体育教育干预和有氧训练计划）和认知功能的提高存在较低至中等程度的正相关。（Tomporowski et al., 2008; Diamond; 2015）。
- 急性体育活动（Acute physical activity），即临近成就测验或认知测量时的体育活动，显示出中度正相关（Tomporowski, 2003a; Hillman et al., 2009）。
- 与特定认知任务相结合的体育活动显示出一些优势，这也是研究人员认为需要进一步研究的领域。
- 可能是"认知锻炼"体育运动与日益复杂的认知需求相结合，影响了思维、自我调节和学习，特别是当儿童在干预前表现出执行功能相关方面的初始缺陷时。

西布利和艾特尼斯（Sibley & Etnier, 2003）对儿童体育活动与认知相关的研究进行了元分析。当时，只有 9 项同行评议的研究采用了真正的实验设计。在全面回顾了 44 项研究后，作者得出结论：儿童的体育活动和认知功能之间存在正相关。此外，他们谨慎地指出，有证据表明，体育活动可能会导致认知能力的提高。

一些研究者（Tomporowski, Davis, Miller & Naglieri, 2008）回顾了关于儿童智力、认知和学业成绩的研究，并考察了大量的研究结果。一般来说，体育活动对儿童的学习有积极的影响。根据这些作者的观点，研究结果表明，系统的锻炼计划可能会促进特定类型的心理过程的发展。

伊利诺伊大学的研究员查尔斯·希尔曼（Charles Hillman）及其同事进行了一系列关于有氧运动、认知和学业成绩之间的关系的研究。在一项研究中，他们调查了三到五年级学生的体能训练与学习成绩之间的关系，并观察了数学和阅读成绩与体能训练之间的关系（Castelli et al., 2007）。在另一项研究中，希尔曼、卡斯泰利和巴克（Hillman, Castelli, & Buck, 2005）发现，有氧健身与青春期前儿童参与刺激辨别任务时的神经电功能和行为表现呈正相关。

戴维斯（Davis et al., 2011）对久坐不动的超重儿童进行了有氧运动和执行功能的研究，发现运动训练 3 个月后其大脑皮层的激活增加。与每天运动 20 分钟的儿童相比，每天运动 40 分钟的儿童在数学上有明显的提高。作者指出，还有许多问题有待解决，其中两个问题是，对于瘦弱或健康的儿童来说，同样的结果是否适用？如果没有持续的锻炼，认知和学业上的益处是否依然存在？

迪氏曼（Dishman et al., 2006）说："运动技能训练和定期的锻炼提高了认知和某些类型的学习的执行功能，包括脊髓中的运动学习。""……骨骼肌、脊髓和大脑之间的代谢和神经化学通路提供了可信的、可测试的机制，可能有助于解释体育活动和锻炼对中枢神经系统的影响。"

目前关于急性锻炼和长期锻炼对认知功能的作用的文献综述表明，需要进行更多的实验设计的研究。

运动发展与认知表现

目前的研究阐明了我们对早期大动作运动技能发展与后期认知表现之间关系的日益加深的理解。这种关联使人们反思运动发展与认知之间关系的意义。戴蒙德（Diamond, 2000）指出，考虑到许多认知功能都必须用到小脑和前额皮层，我们就可以理解运动和认知发展之间的重要关系。

运动发展是儿童发展的一个重要因素（Bushnell & Boudreau, 1993, Koziol et al., 2014）。在过去的 10 年里，运动和认知发展之间的关系得到了越来越多的研究。皮克（Pieke et al., 2008）等人对学龄儿童进行了评估，发现学龄前儿童的大动作运动技能与随后的认知技能（即同一组小学生的加工速度和工作记忆）呈正相关。默里（Murray et al., 2006）等人观察到，学步期的站立能力与成年后良好的认知能力之间存在线性关系。索恩和麦索尔斯（Son & Meisels, 2006）指出，4 岁时的大动作运动技能与一年级时的阅读和数学成绩呈正相关。在 3—7 岁的儿童中，一岁以内的运动发育迟缓也与 3—7 岁时的词汇量少和阅读速度慢有关（Viholainen et al., 2006）。

认知锻炼

戴蒙德（Diamond, 2015）对有氧运动和认知表现方面的文献进行了综述。关于通过运动提高执行功能的研究很少。由于执行功能与认知和锻炼有关，我们可以把锻炼分为两类，简单的运动和有认知参与的运动。就我们的目的而言，简单的运动就是有氧运动，包括没有相关认知成分的运动，比如在跑步机上跑步，在公园里散步或者玩捉人游戏。

一个人可以自动化地在跑步机上步行或跑步，但几乎不需要思考。事实上，以轻快的步伐在跑步机上行走或跑步实际上可能会起到镇静的作用，因为他可以任由思绪飘荡，甚至什么也不想。

本书中定义的"认知锻炼"是一种与日益复杂的认知需求相结合的运动。我们更喜欢自动化的运动，比如传球、拍球、踏步、拍手或行走，这取决于儿童的运动技能。我们选择的认知锻炼一定是与学习任务相关的，可能包括边拍球边数数，或边传球边说分类词汇，如动物的种类、词汇或各州首府等。

在戴蒙德（Diamond, 2015）的研究综述中，有一项研究似乎显示了通过锻炼带给执行功能的益处。研究中的锻炼是跆拳道。莱克斯和霍伊特（Lakes & Hoyt, 2004）随机分配学生参加传统的体育课或跆拳道项目。3个月后的评估结果显示，跆拳道参与者在认知自我调节、情感自我调节、亲社会行为、课堂行为和心理数学测试表现等方面有统计学上的显著差异。

我曾和数百名儿童一起游戏，为更多的儿童制订过脚手架"认知锻炼"，目前我给家长和教育工作者的建议是：需要特定执行功能成分（排序、同时加工、抑制、计划、决策和问题解决）的运动，如舞蹈、武术、盛装舞步和重复的目标任务，如特定网球任务，可以提高儿童的思维和自我调节能力。但这需要反复练习。一次试验是不够的；最小能力的培养也需要足够的练习。

对认知成分进行命名、教授，并与学生进行讨论，这样的效果是最好的。

> **举例** 在锻炼执行功能时，我们可能会对儿童说，"当我们练习一系列的 3 个动作时，比如我们称之为'太极'的动作，我们需要记住动作的顺序。这涉及什么认知过程？这种认知过程的名称是什么？"我们还可以进一步问："当我们练习一系列的 3 个动作时，比如我们称之为'太极'的动作，我们需要记住动作的顺序，我们需要适当地调整它们的节奏，还需要避免其他不必要的动作。太极要求我们按照顺序做动作，调整我们的动作节奏，并抑制不正确的动作，这些是执行功能的 3 个部分，我们每天都会在其他活动和完成家庭作业的过程中用到它们。我们来写下练习太极和完成家庭作业有什么共同点，这样我们就能说出正在使用的执行功能。现在，我们可以研究如何将执行功能用于许多特定的日常活动。想再做一些游戏吗？"

然而，在解释这样少的研究数据时，我们必须要慎重。我们可以假设，需要一些积极执行功能（尤其是额叶皮层的认知活动，如计划、组织、排序和抑制）的锻炼可以产生的"认知特定"益处大于非认知的运动。

在这篇综述中，最好的结论是"认知参与运动似乎比非认知参与运动对儿童执行功能的影响更大"。阿黛尔·戴蒙德（Adele Diamond）进一步指出："我完全同意，而且想从几个方面对其进行扩展。第一，我预测这一发现适用于所有年龄阶段，而不仅仅是儿童。第二，我预测，改善双手协调和眼手协调，以及从事经常需要跨越中线和/或有节奏动作的活动，可能特别有价值。"（Diamond, 2015, p.2）。

　　这对在儿童期有神经、发育和精神问题的儿童的临床工作者意味着什么？我们需要在治疗和生活中行动起来。我们最好认识到运动和活动在大脑和行为改变中的重要性。我反思了我所见过的几个患有严重阅读障碍的孩子，他们都成长为了熟练的运动员。我相信，如果不是这些运动员每天在舞蹈和体操方面进行反复的、有强烈节奏感的训练，他们的阅读障碍会更加严重。

同步

　　同步，即与另一个人或刺激保持一致的自然倾向，是生物生长的基础。我们有同步的睡眠节律、运动节律，甚至语言模式。人类通过同步学习和发展各种各样的学术、社会和认知技能。我们学习他人的言语模式，学习社交语言，通过走路、体育运动、跳舞等学习动作。我们可以假设，作为社会性动物，同步可以让我们保持安全和与他人的联系。但是，当我们在动作或言语的同步上遇到困难时会怎样呢？我们可以观察到这种"有点走神"的状态。与儿童相处的经验告诉我们，我们可以帮助他们保持"专注"，通过反复的节奏、模式和节律任务的练习，可以提高儿童的注意力。

　　本书中，在进行执行功能、社交技能或学术技能训练之前，我通常会和孩子们一起做一些拍球练习，让他们冷静下来或保持警觉（这取决于他们的需要）。在做像"如何拍球"这样的练习时，大多数孩子拍球的节奏会与我同步，或者随着时间的推移，我的拍球节奏会与他们同步。这是自然发生的；身体要同步。如果儿童在这个任务中经过几次后仍没有同步，我就会玩"重拍"相关的游戏，比如"乒乓"或者"我拍手，你拍手"，看看儿童能否学会在重拍上配合动作。一般来说，与重拍同步比与弱拍同步更容易。如果在重复试验后儿童不能同步，我会请发育儿科医生或职业治疗的同事做一个质量评估，排除任何相关的发育、运动或神经系统迟滞。关于同步、认知、共鸣和节拍的综述，请参阅 Thaut, McIntosh & Hoemberg (2014): *Neurobiological foundations of neurologic music therapy: rhythmic entrainment and the motor system*。

有节律的大脑

大脑是有节律的，它搜索并锁定有节奏的节拍。节律似乎是人类大脑的一个组织特征。即使神经元也会随着节拍而适时激活。在研究中我们观察到，节律与语言理解、言语产生、数学和阅读有关。虽然在执行功能方面，节律的作用还没有得到广泛的研究，但在临床上我们观察到，运动（和听觉）节律和节奏感较好的儿童可以更好地抑制不良行为，更好地计划、排序和解决问题。

节律、拍子和节奏在语言、学习和大脑功能中的作用正在引起越来越多的科学兴趣。西北大学的妮娜·克劳斯（Nina Kraus）和亚当·蒂尔尼（Adam Tierney）对音乐的大脑功能的几个方面进行了研究，并在 2014 年指出，音乐训练可以提高儿童的语言和阅读能力。阅读能力与节拍和频率分辨率、快速听觉加工和语音意识有关。观察发现，音调、旋律和和弦的听觉辨别力可以区分阅读能力的好坏。

节律也是感知语言和阅读的基本组成部分。当儿童听到有节律的单词产生的变化时，他们能够区分单字和复合字，例如"redshirt"和"red shirt"。开始能够跟踪节律模式是言语感知的核心，而言语感知反过来对阅读技能的习得也很重要。

节律或节奏上的缺陷可能与学习和行为的许多方面有关。与节律或节拍相关的运动能力低下可能是大脑关键部位间感知能力和沟通能力下降的信号。在涉及多种特殊儿童的文献中持续报告了精细和粗大运动控制、节律和节奏的变化，其中包括注意缺陷/多动障碍、发展性阅读障碍、阅读和言语语言缺陷（Schaefer & Overy, 2015; Gordon, Fehd & McCandliss, 2015; Gordon, Magne & Large, 2011; Rosch, Dirlikov & Mostofsky, 2013; Corriveau, Pasquini & Goswami, 2007; Hill, Bishop & Nimmo-Smith, 1998; Zelaznik & Goffman, 2010）。

在研究中还观察到，患有语言迟缓、注意缺陷/多动障碍和发育性阅读障碍的儿童对听觉信号的运动生成能力受损。听觉辨别和听觉记忆都是学习的关键。在整个学习过程中，儿童必须听到、辨别并对听觉信息做出反应。

科里沃和戈斯瓦米（Corriveau & Goswami, 2009）报告称："跟着节拍同步拍击被描述为人类最简单的节奏动作。"然而我们知道，许多患有神经发育疾病的儿童无法跟上节拍；他们的节奏感较差，表现出难以根据节奏和节拍做出相应的粗大运动。和作者一样，我们观察到，在感知和表达节律和节奏的神经机制中存在微妙的缺陷，这些缺陷影响正常的语言、运动和认知发展。作为和儿童一起进行节奏性音乐活动的人，与我们有关的问题包括以下三方面：

1. 重复的节律模式运动练习是否可以改善神经节奏机制，如改善运动输出与节律和节拍的匹配？
2. 节律干预的最佳强度和持续时间是多少？

3. 发展更好的粗大或精细运动节律和节奏是否可以改善后续的学习（学业或行为学习）？

对于未来有关节律、模式和节奏在学习和行为中的作用的研究，我们感到很兴奋。研究还在进行，孩子们已经准备好做游戏了。以下活动旨在提高我们所说的绝佳四方面（The Fab 4）：思维、自我调节、学习和行为。

执行功能

执行功能（executive function，EF）是近来我们经常提到的一个词。什么是执行功能？它为什么非常重要？执行功能包括一系列相互关联的高级认知过程，这些过程对于有目的和目标导向的行为是必要的，让我们能够成为成功的社会性动物。执行功能有很多不同的定义，许多研究者以各种方式对执行功能下定义（Das, Meltzer, Goldberg, Dawson, Barkley, Rief, Guare, Brown, Naglieri, McCloskey, Miller, Keeley, 等等）。

本书在定义执行功能时，通常需要牢记三个目的：

1. 与家长和老师沟通特定儿童的技能和能力的优缺点。
2. 为治疗、教育或干预团队的成员澄清我们正在研究的技能以及对这些技能的定义。
3. 制订治疗、教育和干预计划，帮助儿童提高急需的技能。

在应用这70个游戏时，我们通常认为执行功能包括如下方面：

元认知

- **对思考的思考**——意识到自己拥有思想，然后反思这些思想是什么。
- **批判性思维**——对思想、知识、行为、感觉和经验进行分析、解码和检验。
- **创造性思维**——产生新的或新异的想法。以一种新的或新异的方式对知识、信息和活动进行重塑、重构和采取行动。
- **运用过去的知识**——运用所学到的知识去学习新内容、解决问题、做决策、思考、说话或行动。

组织

- **材料管理**——特定材料或工具（服装、学习用品、运动器材等）的物理组织、标识、分类和放置。
- **日常任务管理**——成功管理日常生活活动（卫生、饮食、睡眠、家务、学业、运动等）的策略和方法。
- **长期项目管理**——能够预览、计划、分配时间并执行各部分计划，进而组成一个更大的任务群，以达到最终目标。

任务管理

- **计划**——以有意义、有目的和目标导向的方式采取行动的战略行为。
- **预览**——使用同步加工来考虑任务或活动的所有组成部分，以便思考、计划和准备采取行动。
- **优先排序**——考虑一个任务或一系列任务的迫切性和重要性，以决定首先采取什么行动。
- **启动**——开始一个确定的任务、活动或行动。

- 执行——采取目标导向的行动,以影响或完成特定的任务、活动或行动。
- 检验——对任务的组成部分、活动、行动或回应进行反思,以检查任务、事件或体验的效用、功效和结果。
- 修正——利用从检验中获得的知识来修正自己未来的行动。
- 完成——将一项任务、活动或行动成功地完成。

时间管理

- 时间估计——预测、想象或估计成功完成特定任务、活动或行动所需的时间。
- 时间监控——在执行特定任务、活动或行动时,对时间的流逝进行准确的评估。
- 时间分配——将有限的时间分配给特定的任务、活动或行动。
- 项目计划——为成功完成几个分解任务制订计划,这些任务将有助于完成更大的任务、经历或事件。

注意

- 警觉——进入一种认知准备状态。
- 选择——将注意和专注转移到特定的目标刺激上。
- 专注——将有意义的精力和注意力集中到特定的目标刺激上。
- 维持——在足够长的时间内保持对特定目标刺激的注意,以便采取行动。
- 监测走神——对注意偏离任务进行监测。
- 重新警觉——将注意力拉回来。
- 分配——在短时间内将注意力保持在两个相关的任务上。
- 交替——在短时间内将注意力从一个目标刺激转移到另一个目标刺激。
- 脱离——将某人的注意力或专注力从特定的刺激中抽离。
- 重新定向——有目的或有意地将注意力从一个刺激转移到另一个刺激。

认知控制

- **坚持**——不顾困难，毫不犹豫地坚持一项任务或行动。
- **转变**——用一种想法、情感或行动取代另一种想法、情感或行动。
- **灵活性**——将情绪效价转变为积极的想法、情感或行动；避免变得僵化。
- **注意力分散**——将注意力从一个显著刺激转移到另一个通常是无关的显著刺激；丧失专注。

记忆

- **工作记忆**——负责在短时间内暂时保存或维持必要的信息或数据的认知系统。
- **加工**——对刺激的感知和反应的认知行为，通常是在一定的时间限制下。
- **短时记忆**——负责在有限的时间内保存信息的认知系统，通常不超过几分钟。
- **长时记忆**——负责信息长期储存的认知系统，通常是永久性的。
- **存储**——巩固认知、运动或情感知识的过程。
- **编码**——将信息输入记忆系统，并将其登记为有意义的信息，以便进行存储或提取。
- **提取**——获取以前存储的信息。
- **利用**——根据先前存储的信息采取行动。
- **综合**——将部分信息或知识组合起来，以便行动、利用或有意义的应用。

问题解决——通过处理问题的细节来解决问题的过程。

决策——从可用选项中选择合乎逻辑的选项的思维过程。

情绪调节——有节制地对生活环境和经历做出反应的能力。

- **认知**——意识到内部能量状态或情绪的变化。
- **识别**——了解、识别或理解一种特定的情绪或情感。
- **标签**——对能量或情绪状态进行有意义的命名或分类。
- **分类**——将情绪体验归入过去的经历、环境或情况的某个类别中，从而进行理解。
- **升级**——与对经验、环境或情况的情绪反应有关的内在能量状态的增加。
- **降级**——与对经验、环境或情况的情绪反应有关的内在能量状态的降低。

冲动控制——控制冲动的能力。
- **抑制**——表现克制的过程；停止言语、思想或行动。
- **去抑制**——表现出缺乏认知、情感或运动方面的克制。

运动管理——控制运动元素的能力，如步调、速度、方向、节奏等。
- **计划**——计划和执行具体动作的能力。
- **步调**——进行一个动作的速度。
- **节律**——在讲话、发声或动作中重复出现的有声–安静模式。
- **节奏**——激活一个人的动作，以配合内部或外部节拍的能力。
- **启动**——开始或启动一个动作。
- **保持**——随着时间的推移持续进行一项运动。
- **停止**——停止运动。

在给儿童介绍关于大脑是如何工作的知识时，有以下一些讨论技巧。我们会把清单打印出来，让儿童圈出他们认为大脑在做哪些事。我们探索每种执行功能是什么，以及它如何帮助我们更好地学习和行动。我们让儿童解释他们的大脑是如何使用特定技能的。然后他们可以教给我们（和其他人），在参与活动时他们的大脑是如何更有信心和特异性地工作的。

- 警觉性注意
- 运用过去的知识
- 平衡
- 认知灵活性
- 认知持久性
- 协调
- 创造性思维
- 批判性思维
- 决策
- 情绪调节
- 探索
- 集中注意
- 冲动控制
- 抑制
- 记忆策略
- 运动管理
- 运动计划
- 运动顺序
- 叙事语言
- 组织
- 计划
- 预览
- 确定优先顺序
- 问题解决
- 项目计划
- 反思
- 节奏
- 排序
- 继时性加工
- 持续注意

- 任务管理
- 时间分配
- 时间估计
- 时间监控
- 视觉扫描
- 视觉工作记忆
- 工作记忆

我们开始玩吧!

第二章

教儿童大脑是如何工作的

在这个简短的章节中,我们会讨论在进行这 70 个游戏时,让儿童成为共同的创造者、导师和教育者是多么重要。事实上,在认知教育领域有大量文献证实,当你教给儿童他们的大脑如何工作时,他们会学得更好。

在第三章中,我们将学习一个我们称之为音乐思维(Musical Thinking)的概念,它是本书的基础。音乐思维是我们用来教儿童学习背后的认知科学的主要方法。

为什么我们要教儿童大脑是如何工作的

让儿童参与认知和执行功能干预的制订、实施和修订似乎是近来才有的。在当前的文献中,神经学家和教育工作者刚刚开始提及它的价值。实际上,这项研究支持了一种观点，即我们不仅需要教儿童"内容"，还需要教他们大脑工作的"过程"，这一观点可以追溯到柏拉图（Haywood, 2013）。随后，亚历山大·卢里亚（Alexander Luria）、列夫·维果茨基（Lev Vygotsky）和后来的研究人员，包括《认知规划与执行功能：教育与管理中的应用》（Cognitive Planning and Executive Functions: Applications in Education & Management）一书的合著者达斯（J. P. Das），以及《光明的开始：儿童认知课程》（Bright Start: Cognitive Curriculum for Young Children）的合著者卡尔·海伍德（Carl Haywood），共同提出了这个概念。

在2013年的文章《什么是认知教育？3万英尺的视角》（What Is Cognitive Education? The View from 30 000 Feet）中，卡尔·海伍德博士回顾了认知教育研究的历史和功效，他指出，人们对创造思维系统的重视已有上千年的历史。让大脑参与批判性思维、反思和问题解决的过程中，可以提高学习和认知能力。虽然我们很早就知道这一点，但我们显然需要让儿童更多地参与到神经认知干预的开发、修正、教学和指导过程中。

从20世纪80年代开始，人们对一些认知教育课程进行了研究，其中包括光明开端（Bright Start）、基于认知加工的阅读增强方案（PREP）、丰富认知的优势（Cognitive Enrichment Advantage）和思维工具（Tools of The Mind）。早在20世纪90年代，就有项目（如光明开端）"每天有一节课专门用于学习思维和学习的过程，而其余的时间则用于关于学术内容的课程和活动。"（Haywood, 2013, p.29）。我们希望本书可以鼓励世界各地的教育工作者结合策略和活动，向儿童展示他们的大脑是如何工作的。当我们向儿童展示学习的"原因和方式"时，他们会对学习过程更加投入。对他们来说，这是相当鼓舞人心的。当我们

第二章 教儿童大脑是如何工作的

在教育中不仅仅教授"内容",而且教给儿童更好的执行功能的工具和策略,同时解释我们做什么和如何做的认知原因的时候,就可以极大地提高儿童的学习能力。

- 我们培养的学生更善于思考、规划、决策和解决问题。
- 通过向儿童展示我们处理信息的方式的不同,减少了学习差异带来的羞耻感。
- 我们更善于更好地为每个学生量身定制教育方案。
- 我们让儿童为未来的企业时代做好更充分的准备——在这个时代,人们将担任我们目前不知道的角色和工作(主要是由于技术的重大进步)。
- 我们通过让儿童成为更积极的学习者、导师和老师来促进儿童的大脑发育。
- 我们培养喜欢自己的教育经历的儿童。
- 我们让学习变得有意义。

神经学家弗雷德里克(Frederic Perez-Alvarez)和《更好地观察智能行为》(*A Better Look at Intelligent Behavior*)一书的作者、教育心理学家提莫卡米·内达-加拉特(Carme Timoneda-Gallart),在他们的阅读障碍患者治疗诊所观察到,当他们使用自己制作的视频教给儿童患者"你的大脑是如何工作的"时,阅读和执行功能的干预措施似乎更有效果。儿童在大脑建设任务中投入的能量也更加协调一致,并感到更有能力掌握学习技能。

儿童他们的大脑是如何工作的，以及为什么一项特定的活动或任务可以改善他们的思维、学习或行为时，他们就成为学习过程中不可或缺的一部分。他们的知识和积极参与了解进行一项特定学术任务的原因，使得他们成为更积极的学习者。

学生经常抱怨的一个问题是："我为什么要学这个？它对我有什么帮助？"**如果教给儿童"你思考的过程，而不仅仅是你学习的内容，将有助于定义你生活中的成功和幸福"，儿童将更有动力去学习。**强调内容学习和测验会使儿童感到压力。我们通过介绍神经科学的概念来帮助儿童理解大脑是如何工作的，以及学习是如何发生的，来尊重和鼓励他们。当儿童知道他们所做的事情背后的"为什么"和"怎么样"时，他们就会更积极地参与，而且学得更好。

怎样教儿童大脑是如何工作的

作为教育工作者，我们向儿童介绍，大脑是如何使用一种称为执行功能的技能系统来思考、组织、记忆和学习的这一事实，通过这种方式来教授儿童大脑是如何工作的。

我们的工作有四个重要部分。

1. 我们讨论作为一组技能的执行功能，我们的大脑利用这些技能来帮助我们成为成功人士。

2. 我们教儿童了解、识别和标记他们在特定任务中使用的执行功能或认知过程。
3. 我们通过教授儿童大脑如何学习的认知科学，让他们更好地掌握自己的思维、自我调节、学习和行为。
4. 我们通过游戏、游戏化和运动来增强儿童执行功能的自动性，这些游戏和运动可以提高他们的积极性和参与性，并巩固他们的技能。

我们不是将执行功能写在黑板上讲解定义，而是创造了 70 多个"游戏"或活动，帮助儿童不仅使用特定的执行功能，还要了解这些执行功能的重要性。在做这些活动时，我们经常讨论执行功能是什么，以及我们如何使用执行功能。我们称之为工作的"直接指导"部分，因为我们很容易给儿童定义执行功能，使他们的认知过程更加透明。当我们揭开儿童思维的神秘面纱，教给他们神经科学时，他们会报以热情和信心。你可以通过帮助儿童"了解"他们的认知过程是如何工作的来达到同样的效果。

以运动为基础的活动也有益处。通过运动，我们使认知、社会性-情绪和自我调节能力更自动化，更深刻地嵌入小脑。研究表明，当我们以重复的方式打开神经通路时，关键的认知技能（我们称之为执行功能）会变得更加自动化，从而使学习更高效和成功。

这些游戏和活动可以通过反复练习执行功能的子任务来强化执行功能。然而，它们真正有用的是培养儿童对自己认知能力的意识。这些活动提供了通过游戏和练习来应用执行技能的机会。它们帮助儿童更善于思考，花时间将知识编码到记忆中，计划、排序并组织知识和行动。这些活动揭开了执行功能在现实生活中的神秘面纱，让儿童了解执行功能是什么样子、感觉如何以及如何工作的。这些学习目标的透明化是支持儿童拥有更强的元认知意识的关键组成部分。

第三章

音乐思维

本书的基础是一种认知授权策略,我称之为"音乐思维"。虽然书中并非所有的活动都是音乐思维的衍生品,但大多数都是。当你明白为什么时,我希望你会说,"哇!太酷了!"我需要事先说明,我不是一个音乐家。我能在吉他和钢琴上演奏四种和弦。但我是音乐爱好者,很快你就会发现你也是。

现有研究使我们对节奏和模式在早期学习发展中的关键作用有了新的认识。节拍、节律和节奏是音乐的基本要素,这些方面的重要性现在变得越来越明显。音乐的节拍、节律和节奏是儿童最初的模式体验。我们最初和学步儿玩简单的拍手游戏,比如"躲猫猫"和"拍蛋糕";然后是隐藏游戏,比如"拇指人在哪里?"接下来是歌曲和简单的童谣,比如"我是一个小茶壶"和"可爱的小蜘蛛",结合认知和工作记忆游戏介绍了语言和动作模式。这些活动对早期学习至关重要,但到了6岁左右,它们就不再受课程的青睐。它们被认为是"托儿所游戏",但它们真的是重要的终身学习游戏。音乐提供了一种高度社会化的、自然的、发展适宜的方式,让儿童能应用他们将在小学和中学使用的关键执行功能。因此,我们需要在儿童的日常学习生活中融入音乐模式、节拍、节律和节奏。

音乐思维是一种认知能力增强策略,是我在当地小学做家长志愿者时和儿童一起玩数学和阅读游戏时发展出来的。我观察到,大多数数学和阅读有困难的儿童表现出较差的节奏感。在大声朗读的时候,他们的口语流利度就显得很差;在计算数学方程式的时候,他们显得匆忙而混乱。即使作为一名家长,也很容易看出他们需要一些策略,来改进他们处理和执行日常学术任务的方法。

所以我开始和他们玩一些简单的虚构游戏来减缓他们的速度,帮助他们思考问题。我会说,"让我们像乌龟一样来读这句话",或者"让我们像长颈鹿一样走路,同时把一些数字加起来。"随着时间的推移,音乐思维逐渐演变成今天的样子。我知道,随着我们和更多的儿童一起游戏,这个系统还会进一步改善,但目前这个系统非常有用,儿童也很喜欢它。这才是最重要的。

我们可以通过玩认知和运动组合游戏,继续教授6岁以后的儿童阅读、写作、数学和行为的节拍、节律和节奏。一些学校采取的方式是数学说唱、音乐讲故事、舞蹈和动作。

我们更系统地运用音乐思维来达到这一目标。通过音乐思维,我们教会儿童关键的执行功能,同时帮助他们体验节拍、节律和节奏的感觉。我们把音乐思维视为脚手架,就像一棵大松树,儿童可以把执行功能"悬挂"在上面,并在需要时使用。

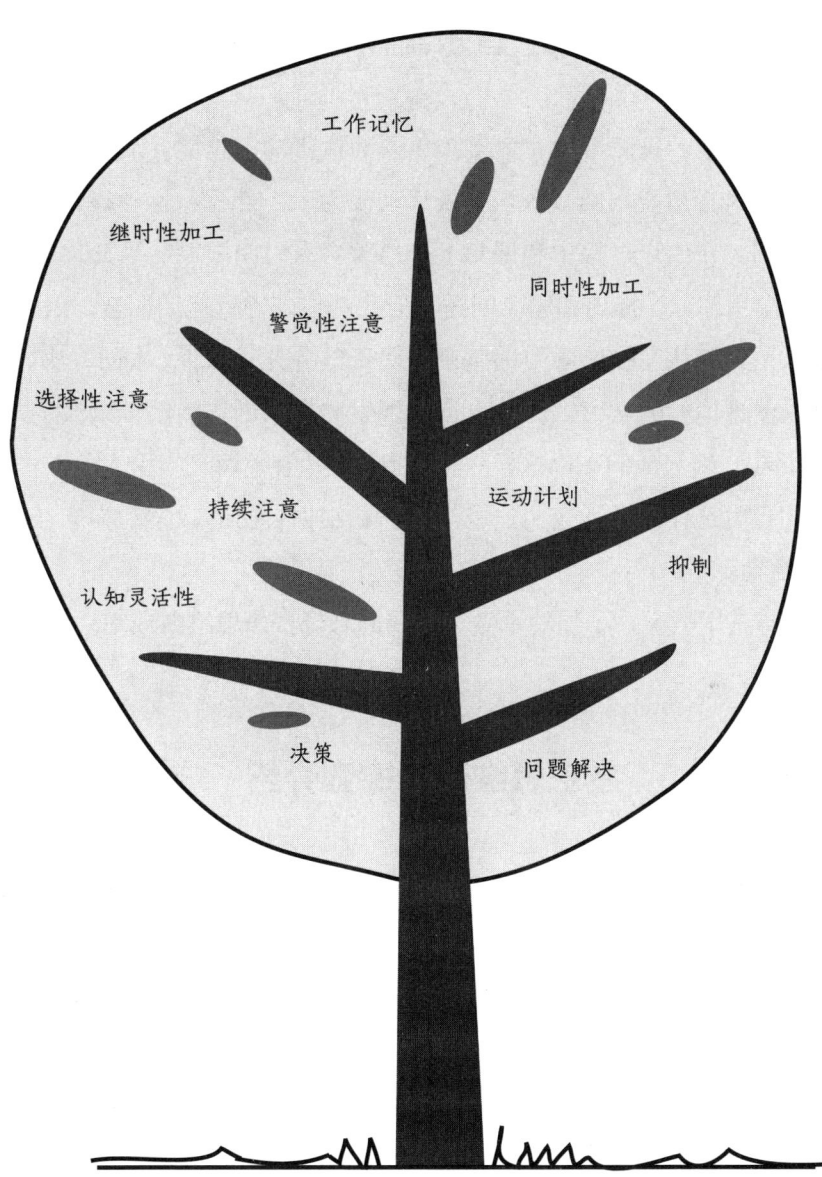

运动探索、音乐创作和认知应用

通过音乐思维，我们帮助儿童实践重要的执行功能技能，命名并学会使用和发展他们的执行功能技能。音乐思维活动分为三个部分：运动探索、音乐创作和认知应用。在治疗过程中和课堂上，通常会有时间限制，因此你可能会急着进入认知应用部分，提出和思考问题。但我劝你先进行运动探索，因为运动、节奏和音乐是大脑认知技能学习的基础。对于部分儿童来说，同步、切分节奏和振动可以促进他们的学习。此外，运动探索和音乐创作活动可以激发儿童的动机和"认同"，因为他们在以这样一种创造性的、有趣而又吸引人的方式学习。我们鼓励你自由选择并灵活应用这些活动，利用你自己的教学和临床经验用好这30多项活动。

所以，与其用嘴说，不如动手做。**让我们来玩音乐思维游戏吧**。

音乐思维运动探索介绍

好了，站起来。现在，就在原地、办公室、教室或者电脑前，开始踏步。想想行进中的乐队，简单地原地踏步，1-2-3-4，1-2-3-4。试着大声喊出你的步子。1-2-3-4，1-2-3-4。太棒了！如果你是一名音乐家，你知道自己实际上是在按节拍踏步；在上述例子中，节拍是4/4拍。音乐的每一小节，你都要踏四步，这四步就是四拍。现在试试：右脚踏两拍，然后左脚踏两拍，听起来像1-2，3-4。我们每只脚踏两遍，一共踏八步，就像1-2；3-4；5-6；7-8。完美！

踏步两次或踏步两小节，每小节四拍，再踏步两次或踏步两小节，每小节两拍。把它们连起来，就是 1-2-3-4; 1-2-3-4; 1-2; 3-4; 1-2; 3-4。你数过节拍吗？再试一次，这次要数一下节拍，1-2-3-4; 1-2-3-4; 1-2; 3-4; 1-2; 3-4。你踏步了五小节吗？还是八小节？你踏步了几小节？没错，你踏步了四小节。

看，你很有音乐天赋。**当你以四拍为一个小节踏步时，你实际上是按四分音符的形式踏步的。**你能感觉到，对吧？很酷吧？**然后，当你以每小节两拍的节奏踏步时，你就是以二分音符的形式踏步。**儿童喜欢这个活动。他们喜欢学习音乐。他们喜欢以一种有趣、吸引人、有意义且没有压力的方式与数字打交道。当你和儿童一起游戏，向他们展示他们的自然节奏倾向于在四分音符和二分音符中移动时，他们就会开始改变。他们开始以不同的方式阅读，以不同的方式理解数学，学习得更好，行为变得更好。我稍后会给你们看一些例子。

现在，在音乐思维方面，我们还有两个音符要探索。第一个是全音符。全音符有一个节拍，这个节拍持续一小节。所以，全音符就是 1 x x x; 1 x x x。你可以试试。简单地用一只脚站立数四个数，然后用另一只脚站立数四个数。这就是全音符的感觉。

接下来是休止符，实际上我们将其作为音乐思维中的第四个音符。和我们一起游戏的儿童做了这一决定，而且效果非常好。我们发挥了想象力。我们知道，在真正的音乐中，休止符不是音符，但它的意义就像音符一样，它体现了"我们都需要时间来休息"这样的信息，在学习中非常重要。

越来越多的研究告诉我们，在思考之后，我们需要一段休息的时间来整合和存储我们所学到的信息。休息时间使我们能够理解信息的意义并将其储存在记忆中。研究表明，在学习后的几个小时内，以及通过静息状态网络（Resting

State Networks）的睡眠期间，人们可以很清醒地休息（Albert，Robertson & Miall，2009）。

在真正的音乐中，每一种音符，四分音符、二分音符、全音符等，都有自己的休止符。在音乐思维中，我们所有的工作都使用四分休止符。为什么呢？第一，我们想简化音乐思维，让6岁的儿童也能理解。第二，四分音符是我们所有工作的中心音符。儿童经常按照四分音符的节奏走动；四分音符是他们容易理解的音符。你所要做的就是看着一个二年级的班级从教室走到食堂，你会看到他们在按照四分音符行走。

好吧，如果你感觉晕头转向，只需要站起来，按照四分音符和二分音符走走。做几个动作，放松，享受，轻柔地走动，你就会平静下来。

什么时候使用音乐思维

音乐思维适用于各种与思维、自我调节、行为和学习相关的活动。

治疗

有时，临床工作者会问我们："我应该什么时候使用音乐思维或开展运动活动？"奇怪的是，尽管我们经常教育治疗师一旦建立了"默契"就要深入治疗，但是，随着时间的推移，我们了解到，在社会性、学业和行为技能教学的认知工作之前，许多儿童需要一段过渡时间，以变得警觉或平静，以便学习新的技能。因此，我们会开展8~10分钟的课程，然后中止5~8分钟，改变活动或进行平静的活动，敲鼓、步行、拍手甚至作曲。用以儿童为主导的节奏、动作和声音来进入治疗时间，可以加深学习的机会。

课堂

在课堂上，我们通常会在以下时间使用音乐思维：每天早上课程一开始的时候、午饭后，以及一天结束的时候（以帮助儿童准备过渡到课后活动）。我们也将音乐思维活动作为"认知练习"，将内容分配到运动动作上。这种学习叫作运动-认知。例如，学生边说单词边走路，学习拼写单词时配合二分音符，回忆单词拼写时配合四分音符，以及通过音乐思维作曲来学习历史知识。

我们根据学生或整个班级的需要来选择活动。重要的是要知道，这本书中的许多动作和节奏活动可以用来保持警觉或平静。如果你采用快速的动作或节奏，他们通常会警觉；让他们慢下来，他们就会平静下来。但每个儿童都不一样；我们看到，瑜伽动作可以让一些儿童保持警觉，还有一些儿童却差点儿睡着。身体和大脑会按照每个儿童的需要来反应，有时只是需要休息。

一旦儿童理解了**节律**、**节拍**（速度）和**节奏**等基础概念，你就可以运用音乐思维来教儿童大部分的执行功能——学术内容、学习技能、自我管理、社会交往、情绪调节、运动动作等。下面是一个小故事，让我们先来了解一下。

长春花和速度

布伦南是一名9岁的孩子,他每天都很兴奋地来到学校。

老师在教室里养了一只名叫长春花的宠物蜥蜴,布伦南很喜欢它。布伦南每天早上都会飞快地起床,因为他知道自己很快就会到学校和长春花待在一起。问题是,他的热情可能会给蜥蜴带来困扰。他迅速把手伸进笼子抓住蜥蜴,蜥蜴吓坏了。老师用口头解释、同伴示范和奖励来帮助布伦南用更柔和的方式接近长春花。但是像"慢一点""轻轻抚摸"和"小心"这样的词并没有给布伦南带来改变。

一天,老师问布伦南:"布伦南,你走得多快?"他困惑地看着老师。然后老师说:"你走得快还是慢?"布伦南回答说:"我走得超级快。"老师让布伦南给她看"超级快"是什么样子的,布伦南像一只走鹃一样在房间里飞快地跑。然后,老师跟着布伦南的步速拍手,告诉他:"布伦南,你真的走得超级超级快。如果你走得慢一点会是什么样子?"她和布伦南一起练习不同的速度,超级快、快、慢和超级慢。他们在房间里走来走去,用不同的步速玩。在整个过程中,老师都标记了他们的动作,并问布伦南:"如果我走这么快,我是走得超级超级快还是快?"

过了一会儿,老师开始用手轻拍桌子,同时思考动作的速度和强度,让布伦南跟着拍。"我们拍桌子的速度是快还是超级快?"布伦南跟着拍时,老师放慢速度并问道:"布伦南,现在呢?我们是慢还是超级慢?"布伦南说:"超级慢。""布伦南，我们来感受一下超级慢是多慢。""我们现在能在房间里用超级慢的速度做一些其他的事情吗？"然后他们假装在月光下以超级慢的速度步行。他们以极慢的速度伸手去拿铅笔。老师让布伦南尽可能地发挥带领作用，用她的叙述语言来暗示、描述甚至改变他的速度。

现在是时候谈谈长春花了。"布伦南，你给我表演我们在教室里做事情的速度有多快，这很有趣。我从你那里了解到，我们可以选择做事速度的快慢。我们来说说长春花。它走得超级快还是超级慢？"布伦南说，"它几乎一动不动。"老师笑着说："对，它基本上就是坐在那儿。当它动的时候，比如吃蟋蟀的时候，它是怎么动的？""哦，太慢了。"布伦南回答。"所以，似乎动得超级慢让它感觉最舒服。这是否告诉我们它想让我们怎么移动它呢？"布伦南说："是的，它可能喜欢我们动作超级慢的时候。"

然后，老师和布伦南练习慢慢接近长春花的笼子，以超级慢的速度打开笼子，然后用很慢的速度抚摸长春花。

不久之后，布伦南和同学们就开始学习音乐思维。他们学习了视觉和运动提示，学习了如何标记自己的动作、思考和学习，布伦南能够思考行动的节奏是快还是慢，以及"节奏"这一术语，我们稍后会讨论。

我们如何教儿童音乐思维

目前的研究表明，儿童音乐训练与提高声音敏感性有关，声音敏感性与提高语言能力和一般推理能力有关。与不学音乐的儿童相比，参加乐器教育的儿童在听觉辨别能力和学习成绩方面都更好。音乐训练也与语音加工和数学成绩相关（Wetter, Koerner & Schwaninger, 2009; Gordon, Fehd & McCandliss, 2015; Kraus et al., 2014b; Leong & Goswami, 2014; Miendlarzewska & Trost, 2013）。根据一项研究（Miendlarzewska & Trost, 2013），在小时候学习演奏乐器甚至可以预测成年早期的学习成绩和智商。音乐训练与大脑的听觉、运动和感觉运动整合区域的可塑性变化有关。随着研究的不断深入，我们希望更多地了解与音乐和学习相关的社会经济、领导、教学、社区、社会、家庭和遗传因素的作用。

我们相信，从根本上说，基于我们与儿童的互动，音乐训练、体育运动、创造性游戏和直接执行功能技能指导对儿童是有益的。此外，我们还观察到，在音乐教学（合唱和乐器）中所教授的一些基本认知技能，如顺序（运动、视觉和听觉）、同时性加工、记忆、时间组织、听觉辨别和抑制，对儿童的发育、学习和行为都有好处。我们希望看到所有孩子在学龄前就可以接受音乐训练，如谢尔·索伯格（Shelle Soelberg）的"让我们演奏音乐"训练、弗朗斯（France）的"梅鲁迪亚"训练，以及乐器项目、运动和舞蹈。考虑到我们的学校和实践中有需要帮助的儿童，在进行更多研究和教育政策做出调整之前，我们目前的解决方案就是音乐思维。我们假设，可以向儿童介绍一些音乐训练的元素，比如节拍、节律、节奏和动作，通过创造性的游戏来提高执行功能的技能，从而改善学习和行为。

第三章　音乐思维

在音乐思维中,我们向儿童展示他们的自然节奏与学习是相关的。具体来说,我们走路、拍手或踏步的速度与记忆和学习的四个关键概念直接相关：编码、提取、加工和巩固。然后我们将这一音乐思维的概念应用到各种思维、学习和自我调节技能上。

因为我们希望每个儿童都能体验"思考的感觉",也就是说,慢下来处理信息或加快回忆信息的速度是什么感觉,我们帮助儿童通过运动来体验节律、节拍和节奏。我们首先要求班上（或一对一的治疗中,或在家中）的儿童站起来,开始原地踏步。因为我们知道节拍、节律和节奏是与认知过程紧密相连的,所以我们通过有趣的踏步鼓励儿童寻找同样的节律。

音符

音符是书写的符号,告诉我们声音的持续时间：演奏了多长时间。

- 节律（rhythm）是指运动、说话或音乐中的有声和无声。
- 节拍（tempo）是指演奏一段音乐的速度。
- 四分音符（quarter note）是指在四拍的小节中演奏一拍的四分之一（一拍一个音）。
- 二分音符（half note）是指在四拍的小节中演奏一拍的二分之一（一拍两个音）。
- 全音符（whole note）是指演奏一个完整的四拍小节。

在音乐思维中,一个四拍的小节有四个四分音符或两个二分音符或一个全音符。当我们构建音乐思维作品时,你会发现在保持每小节四拍的前提下,可以混合和匹配各种音符。

当你浏览音乐思维活动时，你会看到一些标记节拍的数字。每一个数字、声音或动作都在强拍时出现。当一个人踏步时，脚着地时为强拍；当我们手对手传球时，球被转移到另一只手上时是强拍；当我们拍球时，当球击中目标（不论是地面，还是别人的手、桌子或地板）时是强拍。我们用符号"+"来表示音乐序列中的"和"。所以，如果两个人在拍球，"和"表示另一个人接住了球。我们用"x"表示一个要计数但没有表达出来的节拍。所以，二分音符表示为"1 x 2 x"。如果音符太复杂，偶尔我们会用单词（休止），即 1（休止）2（休止）。我们通常不会在"x"处发出声音，但当儿童需要额外的节奏支持时，我们可以点头或屈膝表示额外的提示。当我们踏步的时候，你会体验到节奏，所以不要担心，节奏在你的 DNA 中；你的身体甚至会比你的大脑更先理解节奏。

让我们从活动 1 开始！
　　　　　踏步！

音乐思维——运动探索
踏步！

激活大脑寻求同步的自然倾向，在这个活动中是指运动同步，我们开始与整个班级的孩子，或在治疗中与一名儿童保持步调一致。我们的步速大约是每分钟85次。我们可以使用提示，或边踏步边计数。你也可以用节拍器或鼓为儿童模拟每分钟85拍的声音。

四分音符

"我们来踏步，1-2-3-4；1-2-3-4。"

大约踏步一分钟后，老师问一个学生："你是音乐家吗？"学生可以回答是或否。如果学生回答"否"，老师说："这很有趣，因为你看起来像个音乐家。"如果学生回答"是"，老师回答："我看出来了。"在这两种情况下，老师的下一个回答都是："你刚才是在按四分音符踏步，很酷吧？所以现在我们可以感受到按四分音符踏步是什么样了。"

快速音符

"现在，我们可以感觉到四分音符是'快'的。我们可以说，快，快，快，快。因为我们今天要学四个音符，第一个音符叫作四分音符，它也是一个快速音符，我们通常会连续踏步四个四分音符或快速音符。"

二分音符

再踏步一会儿，然后老师问："我们现在正在用四分音符踏步，如果我们用二分音符来踏步，会是什么样子呢？"然后让学生们以大约每分钟50拍的速度踏步。学生用一只脚踏两步，然后另一只脚踏两步，老师数"1-2，3-4"。慢慢来。对一些儿童来说，掌握节奏可能很困难。使用计数作为提示通常会有帮助。你可以数出许多步，甚至32步或64步；和学生一起踏步，直到你们的节奏一致。玩得开心，慢慢来——我们想让孩子们享受这个过程，把它看成一个自然的过程，而不是一件困难的事。

慢速音符

自然停顿的时候,让儿童站着不动,告诉他们:"可以说,我们是在按二分音符来步行或踏步。我们也可以称之为'慢',因为它的速度只有四分音符(我们称之为'快')的一半,所以二分音符是'慢'的。"我们知道,二分音符并不是每分钟85拍的一半,经过与数百名孩子一起游戏后,我们发现每分钟50拍对他们来说是慢的,所以我们把二分音符定义为每分钟50拍。

在团体活动或临床干预中,你可以和孩子们一起陶醉于他们的音乐。那些从来没有把自己看作音乐天才的儿童,现在可能会觉得自己是音乐家了。

"哇!我们可以按四分音符或二分音符来踏步或走路。"

注: 我们知道50不是85的一半,所以我们希望这不会让你沮丧。但在与数百名孩子一起游戏后我们发现,每分钟50拍的节奏对他们来说感觉相当慢。你可以随意改变每分钟的节拍,每分钟85拍和每分钟50拍不是固定不变的;随着时间的推移,通过与儿童协商,我们已经认识到了这些问题。如果有的孩子喜欢每分钟85拍和每分钟42.5拍,这也没什么问题。事实上,几年前我们在音乐思维中的"快"是每分钟100拍,但是我们发现,很多儿童觉得这样的节奏太快了。所以要灵活地与儿童合作,特别是在他们很好地理解音乐思维之后,并且根据学生或来访者的需要来调整每分钟的节拍。

音乐思维——运动探索
数音乐集

我们还可以数一数音乐的"集合"——小节内的节拍组。当儿童按照四分音符行进或踏步时,教师可以鼓励他们一起数数,"1-2-3-4; 2-2-3-4; 3-2-3-4; 4-2-3-4。"任何动作都可以按照小节来数数。这是一个很好的方法,可以通过动作和同时数数来激活整个班级或来访者。你甚至可以在数第一个数时大喊、拍手、跺脚或蹦跳,或者在数其中某个数时做一个动作,表示强调,帮助儿童体验节拍、拍子和节奏。参考本章末的动作列表。它们可以激励你去创造自己的场景。

音乐的小节与认知过程有着有趣的联系。我们通过理解内容、知识或动作的顺序来学习。当我们思考某件事所需要的步骤时(例如,整理书包),我们会表现出一系列的动作:把背包放在硬物上面,拉开拉链,确保包是空的,放入一本书,放入另一本书,放入文件夹,放入铅笔,等等。看书、做数学练习,甚至睡觉之前刷牙都是如此。帮助儿童体验日常生活中各种活动的顺序"集合",可以改善他们完成任务的方式和任务执行的方式。排序可以增强组织性;拍手、踏步、前进,甚至唱歌都是很有趣且不错的学习方式。

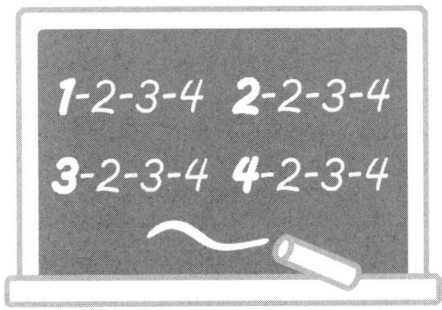

音乐思维——运动探索
四分音符提取

"你知道我们是怎么学习按照四分音符和二分音符步行或行进的吗？这很有趣，因为你知道我们一直在谈论执行功能——我们用来学习的大脑过程。现在我们正在经历两个认知过程，它们被称为编码和提取。你如何把信息输入大脑，这就是编码；你怎样把它从大脑中取出来，就是提取。我们实际上是按照二分音符将信息进行编码，并按照四分音符来提取学过的信息。"

"让我们结合动作来看一下。我们可以像以前那样站起来并踏步前进，1-2-3-4；1-2-3-4。现在，如果我让你每次踩到节拍时按字母顺序说出美国所有州的首府的名字，是容易的还是困难的？是的，非常困难，因为你需要考虑所有的首府，按字母顺序排列然后说出来。你不能简单地提取它们，你实际上必须执行'认知操作'思维、记忆、组织然后提取。"

"但是，如果我让你从1数到100，每次踩到节拍时数一个数，1-2-3-4-5-6-7-8-9-10，等等，你可以很容易做到。为什么？因为数字1~100存储在你的记忆中。你知道如何数到100，所以你可以在四分音符中很快地数出来。你能够快速提取学过的东西，因为它已经在你的记忆中巩固了。"

"我们试着按四分音符从大脑中提取一些信息，看看我们是怎么做的。首先，我们按四分音符行进，简单地数到50，每个节拍数一个数字。准备，开始数数，'1-2-3-4-5-6-7-8-9-10-11-12-13-14-15-16-17-18-19-20……'很好！"

"事实上，你甚至可以更快地提取高度自动化的信息。很酷，对吧？我们来快速地从1数到20，你会感觉到四分音符和八分音符的区别。""太棒了！这是一种非常棒的方式，让我们能够知道自己学到了什么程度。如果我们能按照八分音符提取出所需的信息，说明我们对这个信息掌握得非常好！如果我们能按照四分音符提取它，就说明我们对它很了解，我们对它的了解程度一定足以通过测试。如果我们还在学习的过程中，我们的提取速度就会是较慢的二分音符，这也很好！学习必须从某个地方开始，缓慢的学习就是更深入的学习。"

"你觉得我们可以按照四分音符跳着数偶数吗？对有些人来说，偶数已经深深根植于我们的长期记忆中，所以我们可以按四分音符提取出来，让我们试一试。每一拍我们会说一个偶数。准备好了吗？开始！2-4-6-8-10-12-14-16-18-20……""让我们来了解另一种很酷的大脑工作方式。编码即获取并存储信息，我们按照二分音符来编码。如果信息很复杂，有时我们甚至需要用全音符来编码，我们过一会儿再来试试。"

音乐思维——运动探索
二分音符编码

"我们已经对四分音符和二分音符有了一些了解。我们知道，二分音符比四分音符慢，它的速度是四分音符的一半。所以四分音符可以被称为'快，快，快，快'。二分音符是'慢，慢'。二分音符是每个音符两个节拍，或者两个四分音符组合在一起。让我们再来感受一下二分音符，这样我们就能明白，我们是如何按照二分音符来学习信息或编码信息的。我们可以一只脚踏步两次，然后另一只脚踏步两次，1-2，3-4。我们来试两个小节。两小节是八拍，一只脚踏步两次，另一脚踏步两次。1-2，3-4；1-2，3-4。"

"如果我们在学习新的东西，比如跳着数 3 的倍数，我们就会按照二分音符来记忆这些数字。我们边踏步或前进边数数，3（休止）6（休止）9（休止）12（休止）15（休止）18（休止）21（休止）24（休止）27（休止）30（休止）。准备好试一下了吗？让我们一起来大声读这些数字，3（休止）6（休止）9（休止）12（休止）15（休止）18（休止）21（休止）24（休止）27（休止）30（休止）。干得好！你已经掌握了窍门，很快你就可以教别的孩子了。"

"我们可以学习拼写单词、州的首府、词汇定义——我们甚至可以学习拉丁语，西班牙语或法语！我们来做个实验——让我们按二分音符来学习，谁有什么想法吗？我们一起来做。"

"当我们学习新东西时，我们会用很慢的或二分音符的节奏来做。这样，我们就有时间学习或编码新的信息。节拍帮助我们学习。运动帮助我们学习，我们运动的速度快慢可以唤醒不同类型的记忆，四分音符用于提取，二分音符用于编码或学习。现在，我们可以用音乐节奏来边做游戏边学习。"

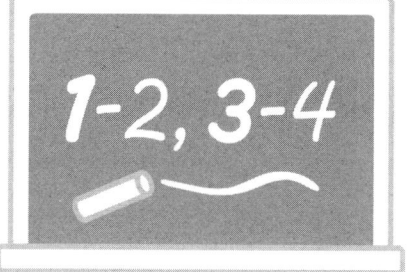 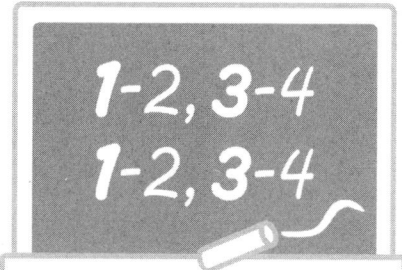

音乐思维——运动探索
全音符思维

"你知道有时候老师或父母会问你这样的问题,'这一章的主题是什么?'或者'你想去哪里过假期?'你有一个答案想和别人分享,但你需要花点时间去思考。答案并不在你嘴边。在音乐思维中,我们有一种方法让你不用说话就能表达'等一下,我在想'。"

"我们的方法是用一个全音符来交流。一个全音符是四拍,所以它给了我们思考的时间。如果你踏步或前进一个全音符,它是什么样子的?没错,1 x x x。我们可以把拳头水平地放在身体前面来表达我们需要几秒钟来想想,'等一下,我在想答案。'当你想回答但又需要几秒钟的时候,这是一个很棒的策略。我们来试一试。"

"如果我们是一个班级的学生,或者只是一名学生,在和家长或老师交谈时,大人问,'无穷大是什么意思?'我们的脑海中已经有了答案,但我们需要一些时间来提取答案,然后说出来。我们可以把拳头水平地放在身体前面说,'等一下,我在想。等我有答案的时候,我会告诉你。'我们来试试吧。我们可以两两配对,互相问问题,然后花点时间回答。一个人是'提问者',另一个人是'回答者'。面对面站好试试。问一个问题,让回答者用他们的手告诉你,'等等,我在想这个问题。'然后,当回答者有了答案,可以说出来。"

"如果你在思考答案时,发现自己想不起来或者不知道答案,该怎么办?不用担心,只要手握拳,伸出食指指向'提问者'。你的手指告诉'提问者','我想过了,但我现在不能回答这个问题,你可以去找下一个人。"

"两人一组,试着用全音符来思考和交流,然后互相说说我们的体验和发现。"

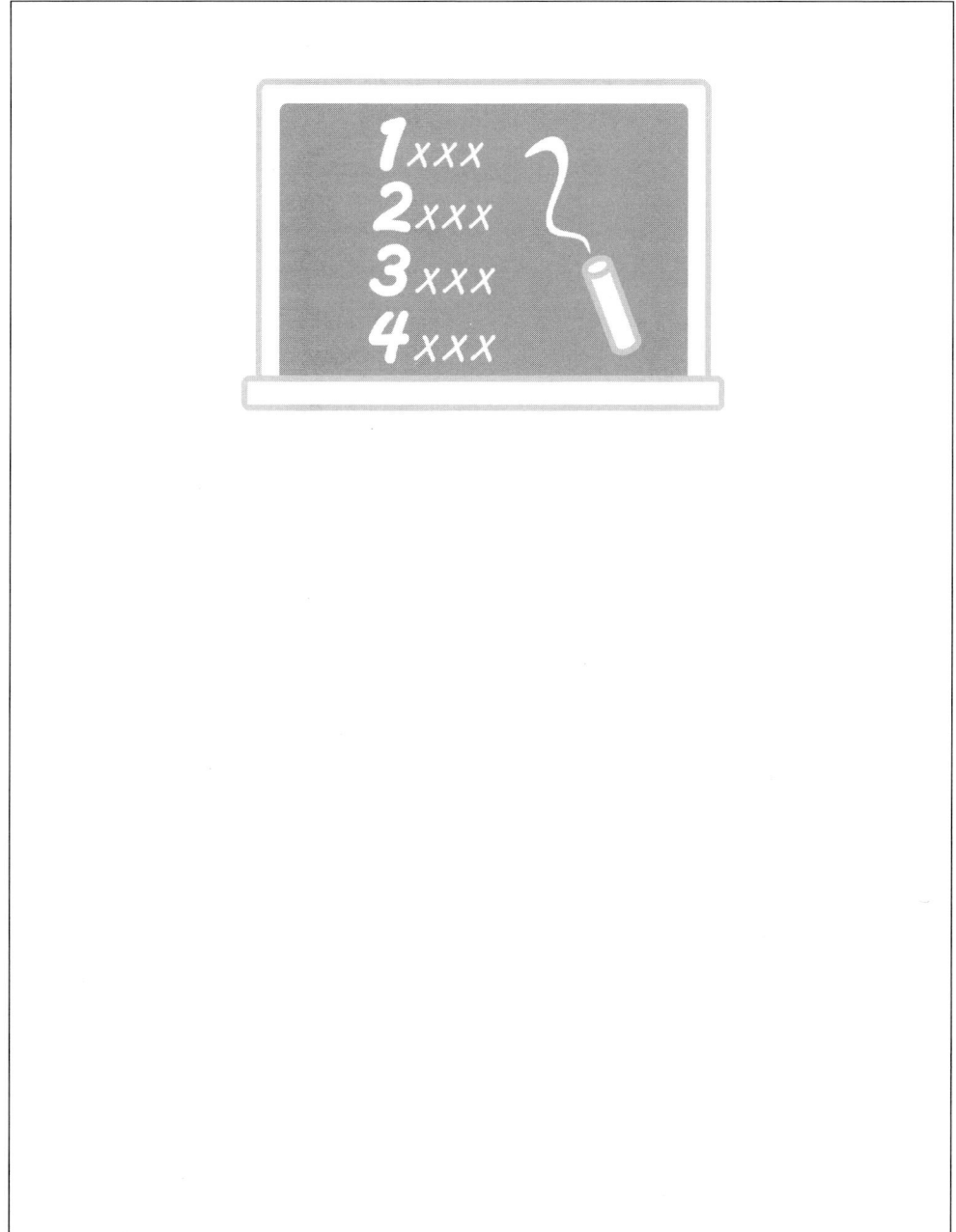

音乐思维——运动探索
有时候你需要休息

"你们做得太棒了！我还有一个音符要和你们玩，那就是休止符。休止符告诉我们停下来休息，同时保持安静。""当我说'来，我们一起保持安静'时，让我们都试着安静一会儿，准备，'开始！'"

然后全班安静下来。老师可能会用点头表示他们要安静多久。当她点头四次时，大家都安静了一小节的时间。"很酷，嗯，我们可以在一段特定的时间内保持安静，刚才，我们安静了一小节的时间。实际上，有一个符号像音乐指挥家一样，可以告诉音乐家我们现在要保持安静，我们在休息。"

然后，教师像指挥家一样张开双手，平放在身体前面，大约与心脏平齐。想想瑜伽老师说"Namaste*"时，他们的双手放在一起，手掌相对，手指向上，大拇指靠近胸部。这就是我们做的动作，表明我们正在休息。

我们称这个姿势为"平和之心"。我曾对很多孩子说过，"让我们回到平和之心"，这句话告诉孩子们"让我们安静地休息一会儿，这样我们的大脑和身体就可以放松"。

教师或临床工作者可以和学生一起练习，让学生展示"平和之心"的姿势。"让我们回到平和之心。你们都试一下，像这样把手掌合在一起，放在胸前，大约在心脏的位置。记住，握拳示意我们在思考，和这个动作是相似的，但是现在我们的手放在胸前心脏的高度。此时我们也使用了一个手势，但现在我们在表示，'让我们安静地休息'。"

---

* 即双手合十。——译者注

活动 7

音乐思维——运动探索
按照四分音符行走

当学生走向你的办公室或参加活动时,按照四分音符行走是一种很好的与学生交流的方式。按四分音符行走让我想起了在爵士舞课上学习舞步,当时我一直学不会。我想,如果有人告诉我,你可以按八分音符、四分音符或二分音符来走路、移动、跺脚、拍手,甚至做旋转动作,那么复杂的舞步就会更容易被学会。

基本上,你按二分音符学习新步骤,一旦你理解了,就会用四分音符,甚至八分音符来执行。通过音乐思维,我们向儿童展示了自然节奏和节拍在日常生活中的作用,我们有权选择运动的速度和表达的方式。

当我介绍音乐思维时,按四分音符行走通常是我和孩子们一起做的第一项活动。这是一种简单、不具威胁性的方式,表明节奏很重要,而不需要动脑筋。"跟我走。""嘿,我们在按四分音符走,你能分辨出来吗?"这是一个非常温和的开始。你所要做的就是走路,可以数数、大声笑、微笑,加入学生的步伐,甚至可以放慢脚步去探索那种感觉。然后继续你的计划。儿童对音乐思维有一个简短的了解,当时机成熟的时候,你可以继续深入。

音乐思维——运动探索
遇见爱的音符

  科学告诉我们，标记和分类概念有助于大脑以更有组织的方式管理信息。因此，为了便于交流和学习，我们为四个音符分别起了名字。我们通常教儿童按四分音符和二分音符走路、踏步、行进或拍手，然后教他们如何按照全音符移动或数节拍。我们教给儿童"我在思考""我在休息"或"我在储存信息"的手势。这四个简单的音符和两个手势，打开了一个新的思维和交流的世界。

  接下来，也许是最重要的，我们会告诉儿童，"我们的音符都有名字。我们的音符就像一个四重奏，我们称之为'爱的音符'。当我们按照节拍行进的时候，我来给你们介绍每个音符，你们可以看到它们是如何在各种方面帮助你们的。"

  教师举起音乐思维卡片，或将它们投影到电子白板、标记板或黑板上。你可以灵活选择，可以一次介绍一个音符，也可以用整个四重奏图片来介绍所有音符。你可以让小组、班级或家庭中的一个孩子站起来，跟着其中一个音符前进、拍手、跺脚或步行，然后按名字来介绍这个音符，根据来访者、小组、班级或家庭的情况选择合适的方式。请允许我向你们介绍音乐思维四重奏的成员，然后你们就明白了。

思想家贝儿

  思想家贝儿是一个全音符。它代表四个数的一个节拍。思想家贝儿与思考有关。当儿童想花点时间想些事情时，他们就要依靠思想家贝儿。

缓慢的莫

  缓慢的莫是二分音符。它代表了四拍小节中的两个数，1-2，3-4。缓慢的莫以大约每分钟 50 拍的速度缓慢移动，它与编码有关。当而儿童把内容、知识或信息输入大脑时，他们依靠的就是缓慢的莫。

休息贝丝

  休息贝丝是休止符。休息贝丝代表音乐的停顿；它也可以代表一个音乐序列的结束。在真正的音乐中，有各种各样的休止符；我们在所有的教学中都使用四分休止符，因为这是音乐思维，而不是音乐课。儿童在记忆中储存信息时依靠休息贝丝。

快速里克

快速里克是四分音符。它代表每小节四拍，1-2-3-4。快速里克是四个音符中最快的一个。快速里克的速度为每分钟 85 拍。它的速度并非缓慢的莫的两倍，但是对于回忆存储的信息来说是一个合适的速度。当儿童掌握了知识，并且能够很快地回忆起这些信息时，他们就会依靠快速里克。

很明显，当儿童能够非常迅速地获取信息时，他们可以在八分音符中找到所需的信息，速度是快速里克的两倍。我们没有对这个音符进行命名，但是我们可以玩一些游戏，来展示储存良好的信息能以多快的速度被找到。我们所需要做的就是发挥和运用我们的想象力。例如，许多儿童能很快地数 10 的整数倍。有时候，特别是当我们用音乐思维来教授和练习跳着数数的时候，我们向他们展示了存储良好的信息是高度自动化的，可以被超级快地回忆起来，就像八分音符一样。

我们在很多方面都使用爱的音符或音乐思维四重奏，其极限仅仅取决于临床工作者、教师和学生（最重要的）的创造力和想象力。

爱的音符

快速里克
四分音符
我正在回忆!

缓慢的莫
二分音符
我正在编码!

休息贝丝
休止符
我正在存储!

思想家贝儿
全音符
我正在思考!

第三章 音乐思维

玛丽和她的"我，我，我的"

这是另一个甜蜜的故事，向我们展示了一位学校心理学家如何帮助儿童运用音乐思维。

玛丽是一名热情的11岁学生。当老师在课堂上提问时，玛丽兴奋地挥舞着手臂，手指摆动着，好像在说："我，我，我，在这里，我知道答案。"玛丽没有看到班上其他同学因为她不断要求别人注意她而烦恼。她说话声音很大，其他同学都希望她少些热情，多些安静。老师多次建议玛丽每天在课堂上只回答几个问题，以便其他同学有机会回答。但是玛丽置若罔闻，因为她对回答问题很感兴趣。

一天，老师问心理老师如何帮助玛丽更好地抑制自己的行为。在不到10分钟的时间里，心理老师向玛丽介绍了音乐思维，玛丽就能够主动地将自己的行为转变为一种更平静、更受控制的状态。玛丽和心理老师的对话如下：

老师："嗨，玛丽，我是科米齐奥老师。今天你能来看我真是太好了。"

玛丽："嘿，你有玩具吗？"

老师："当然有，欢迎你和它们一起玩。我现在给你看一些玩具。这里有一些音符。"

玛丽："哦，它们有名字！"

老师："没错。我们有缓慢的莫，快速里克，思想家贝儿和休息贝丝。有趣的是，这些音符喜欢玩类似'我举手的速度'这样的游戏。你想玩吗？"

玛丽："当然，我喜欢游戏。"

老师："好吧，你拿着这些音符，我们称之为爱的音符。"

玛丽："哦，它们很可爱。"

老师："那我们见见它们吧。快速里克动作很快，缓慢的莫则温柔而缓慢，思想家贝儿会停下来思考几秒钟，休息贝丝鼓励大家都休息一下。"

玛丽："我最喜欢思想家贝儿。"

老师："太好了，回去上课的时候，我会给你一张思想家贝儿的贴纸。"

玛丽："我爱她。"

老师："那么，你知道老师会在什么时候在课堂上提问吗？"

玛丽："知道，她整天都提问。"

老师："贝尔斯老师提问的时候你会怎么做？"

玛丽："哦，我会举手。"

老师："让我看看你举手的时候是什么样子的。"

玛丽："我这样做的！"（玛丽身体前倾，举起手挥舞，整个身体都在动。）

老师："哦，那你就像快速里克骑在野马背上一样举起手来。"玛丽笑了。

玛丽："是的，我想让贝尔斯老师叫我回答问题。"

老师："你知道吗，贝尔斯老师经常叫那些像缓慢的莫一样举手，并且像思想家贝儿一样保持安静的同学回答问题？"

玛丽："让我想想，我不知道。"

老师："你想一想，就像思想家贝儿一样。我们可以在课堂上使用爱的音符来举手，你想试试吗？"

玛丽："只要我能成为思想家贝儿。"

老师："你当然可以。首先，我们就像骑在野马背上的快速里克一样举手。"他们都举起一只手，大喊着挥舞。

老师："哇，他有点吵，对吧？"

老师："我不知道他会不会吵到其他孩子？"

老师："现在我们来像缓慢的莫一样举起手，然后像思想家贝儿一样安静地举着。"科米齐奥老师慢慢地数数，1，2，他们都举起一只手。然后，当他们的手举在空中的时候，科米齐奥老师说1，接着慢慢点头数了2，3，4。科米齐奥老师笑了。

老师："现在我们像缓慢的莫一样举起手，然后像思想家贝儿一样安静地举着，我们可以想象思想家贝儿在思考，'我会安静地举着手再数几个数，如果贝尔斯老师不叫我，我会放下手和休息贝丝一起休息。然后我会安静地等待下一次提问，我可以慢慢地举起手。'"

玛丽："你是说思想家贝儿会思考？"

老师："当我们发挥想象力，我们可以想象它在思考。看，爱的音符在很多方面帮助了孩子们。一种方法是帮助他们数节拍，以便更慢、更安静、更平静地做动作。我们再用一次爱的音符，这次你可以悄悄地数数。"

他们又练习了一遍，然后老师为玛丽制订了一个计划，让她教班里的同学如何用爱的音符做各种各样的事情。

音乐思维——运动探索
音乐思维与日常生活

我们可以按照四分音符和二分音符移动、计数、阅读和行动，这一概念的引入通常会让儿童感到震惊。给音符命名促进了广泛的语言和手势交流。

现在，教师可以用音乐思维来鼓励对话，问问学生哪些活动通常是按四分音符来做的，哪些活动是按二分音符来做的。这时，学生可能会回答说，我们走到饮水机旁时用的是四分音符，但我们从背包里拿东西是二分音符。

一旦儿童开始明白，我们可以按不同的音符来控制动作的速度，其意义非常深远。举个例子，我们可以让全班同学按二分音符举手，然后举着手保持一个全音符，就像我们在故事《玛丽和她的"我，我，我的"》中看到的那样。老师可以通过数数来给学生提示，在学生按二分音符举手时数1，2，然后在他们举着手保持一个全音符时数1，2，3，4。

现在我们可以和学生讨论，如果一个学生可以在四分音符中提取学术信息，表明他们已经学会了这些信息，而且这些信息实际上存储在他们的记忆中。如果他们还在学习这些信息，当大脑编码新信息的时候，他们可能会按二分音符来移动或思考。

让全班同学围绕他们在不同的音符下进行哪些活动展开对话，这非常有趣，甚至会给课堂带来欢笑。例如，教师可以问学生他们可以按八分音符做什么类型的活动。"我们是按八分音符还是二分音符刷牙？我们跑下楼梯时是八分音符还是二分音符？我们吃晚餐是用八分音符还是二分音符？让我们用音乐思维来探索我们的思维、感受和行为。"

同样，我们可以通过二分音符、四分音符或全音符来管理我们的情绪、动作和自我调节。例如，如果一个孩子和老师说自己不理解某个词汇的含义或历史题的题意时，他可能语速很快，甚至声音很大。但是，要让老师听清并给予帮助，最好的方式是他可以按照二分音符平静地说，这样老师才能听清他的困惑，并给予恰当的回应。音乐思维不仅能帮助我们思考和学习，还能以更亲社会的方式表达我们的思想和行为。

音乐思维和音乐作品

仅仅通过介绍爱的音符并按不同的顺序转换不同的节奏，你已经创造了音乐作品。你们按四分音符、二分音符、全音符和休止符前进、踏步、敲击和移动。儿童甚至可能会跳舞，一旦他们动起来，就会充满活力地学习和创造。

音乐思维的作曲部分能帮助儿童体验他们非凡的创造力。现在，在全班儿童面前，或在咨询时面对一个儿童时，你都可以创作甚至表演你自己的曲子。我们可以从一些简单的曲子开始，然后在全班、全家或临床小组中组建整个乐队。

在音乐思维中，我们可以通过运动探索来"感受音乐"，我们先从理解这一点开始。我们可以用"音乐作品"来创作甚至"成为"音乐。我们可以利用爱的音符以及我们所学到的关于节拍、节律和节奏的知识，以一种新的方式去思考和学习。

接下来，我们将探索音乐作品，以及如何以三种认知参与方式创作和书写音乐序列：

1. 在学习中运用爱的音符。
2. 使用爱的音符的字母缩写［R（rest note，休止符），H（half note，二分音符），W（whole note，全音符），Q（quarter note，四分音符）］作为另一种认知-运动动作的组合方式。
3. 使用慢速和快速音符来学习知识和行动。

如果你一直在课堂上或实践中和儿童一起玩音乐思维游戏，他们很可能已经在创作了。儿童富有创造力，一旦他们开始体验快速音符和慢速音符的感觉，他们自然会开始创造组合。这是他们脚手架学习的一种自然进化，使自己的动作更有挑战性。经过长时间的步行、行进、跺脚、拍手、跳跃、奔跑等，儿童教会了我在音乐思维的应用上变得更有创造力，无论是在学习上还是在行为上。随着游戏的进行，一些儿童想要简单顺序的步骤和动作，而另一些儿童则想要复杂的过程。接下来是一些逐步演变的音乐思维作品。这些活动有许多可能的变化。你可以发挥想象力并根据与儿童的互动来指导活动。

让我们从两步舞开始！

爱的音符缩写

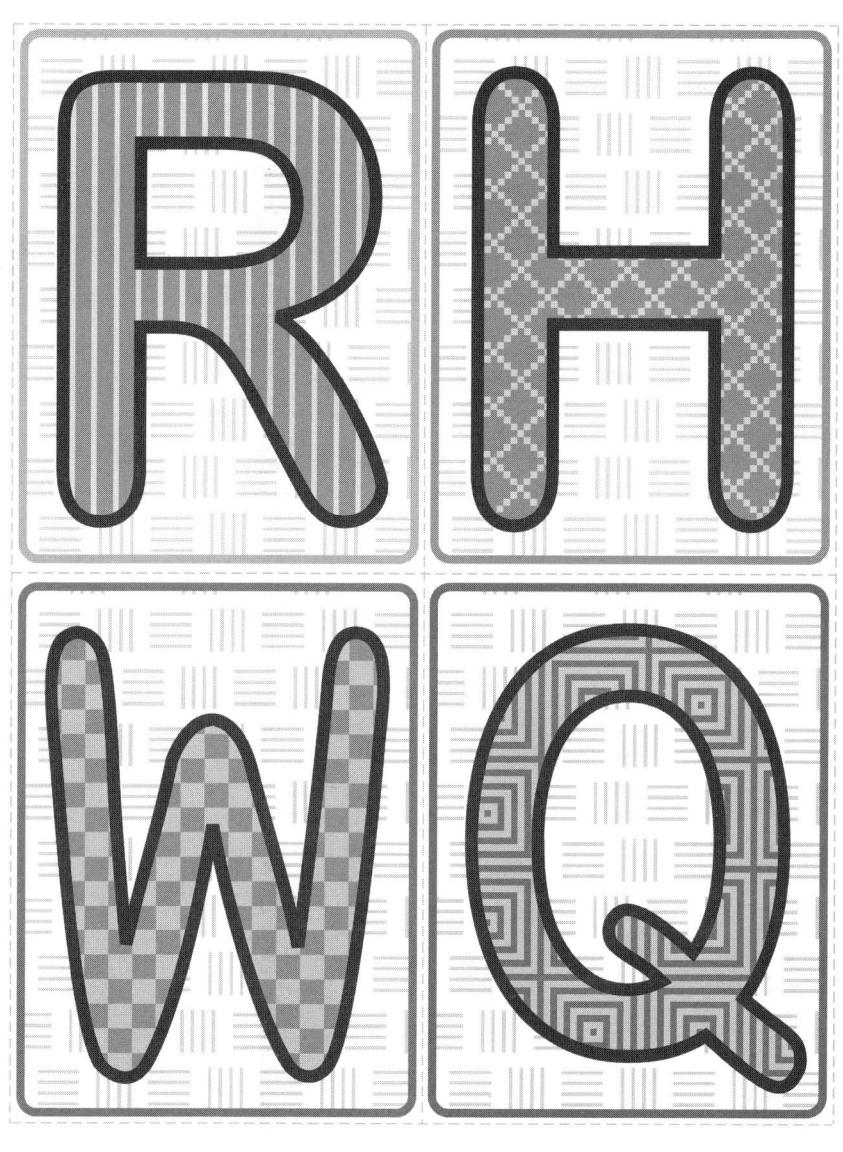

音乐思维——作曲
两步舞

"孩子们，让我们尽情享受吧！在音乐思维中，我们可以跳舞。我会教你们两步舞，然后也许你们可以教我一些嘻哈。"

"面向房间前面排好队。我们从右脚开始，先走一步，然后左脚再走一步，最后右脚再走一步。非常简单，三小步，右，左，右。有趣的是我们如何添加爱的音符。现在，我们双脚并拢站好，再做一次，向右，向左，向右。现在我们来想象一下快速里克和缓慢的莫，我们快速迈右脚一步，然后快速迈左脚一步，再慢速迈右脚一步。预备，开始！快，快，慢。太棒了！现在我们可以站成一排、围成圆圈或正方形；甚至可以面对面站着，一个人从右脚开始，另一个人从左脚开始。你学会了！练习，游戏，进行旋转或摇摆的组合。这就是两步舞，快，快，慢。"

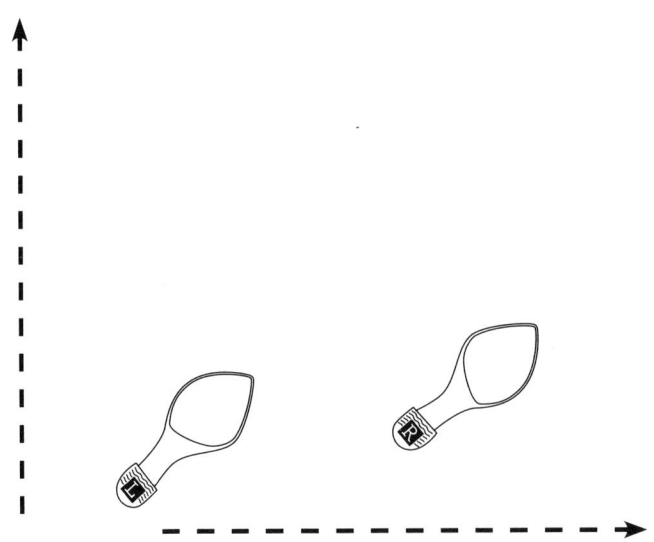

活动 2

音乐思维——作曲
小简·方达

"你上过尊巴舞课吗？你知道怎么随着音乐跳不同的舞步。在'小简·方达'中，我们选择了一首充满活力的歌曲，以及两种不同的运动方式，比如侧步和踮脚尖。然后我们每个动作都做 8 次，接着做 4 次，然后做 2 次，最后做 1 次。这是一种唤醒我们大脑和身体的好方法，这样我们就会警觉，做好学习的准备。"

- "我们试试吧。做好预备姿势。
- 现在我们从右脚开始，双脚轮流踏步，8-7-6-5-4-3-2-1，现在踮脚尖，8-7-6-5-4-3-2-1。把两个动作连起来。
- 侧步 8-7-6-5-4-3-2-1，踮脚尖 8-7-6-5-4-3-2-1。很好。
- 现在我们将每个动作做四拍。侧步 4-3-2-1，现在踮脚尖 4-3-2-1，再一次，侧步 4-3-2-1，现在踮脚尖 4-3-2-1。
- 现在我们做两遍，准备好了吗？深呼吸，你的能量正在飙升！
- 侧步 2-1，踮脚尖 2-1，再侧步 2-1，踮脚尖 2-1，再侧步 2-1，踮脚尖 2-1，最后一次侧步 2-1，踮脚尖 2-1。
- 现在我们侧步，踮脚尖，共 8 次。
- 混合和匹配你的舞步，只需要按照小节和音符来运动。你也可以加上一些手臂的动作。超级充满活力和乐趣！"

参见本章末尾的动作创意列表。它们可以激励你去创作自己的作品。

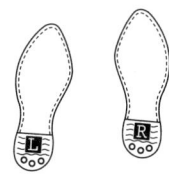

音乐思维——作曲
音乐思维乐队

研究揭示了音乐和节奏作为社会纽带的价值。当我们一起移动、踏步、拍手、前进、吵闹的时候,我们会觉得更有凝聚力。我们可以把班级(来访者、家庭或团体)变成一支乐队,告诉他们我们将按照四个小节的音符序列来踏步或前进,从而创造一次有意义的小组体验。你可以轻松地定义音符,只需任意组合快速里克和缓慢的莫。从简单的开始,或许先来四拍快速里克,然后四拍缓慢的莫,然后混合。改变节奏或增加一个动作,如高举双手一个节拍。你能感觉到吗?1-2-3-4 1 x 3 举手然后放下!

随着大家对作曲越来越熟悉,班级(来访者、家庭或团体)可以演奏自己的音乐。我们可以在黑板上或一张纸上画出来。我们先计划,练习,然后表演。你们是一支乐队!

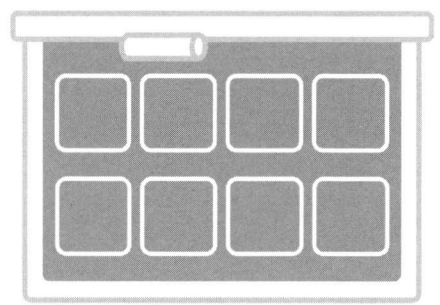

这个活动有无穷无尽的创造性乐趣,因为儿童、家人、同学,甚至工作人员都可以用这四个音符进行游戏,写出音乐的韵律,然后把它们表演出来。最终,你们可以敲击、拍手、跺脚、摇摆、跳舞等。你们甚至可以在每个音符上加入不同的运动动作,成为一支完整的身体乐队!

音乐思维——作曲
我们是作曲家!

到目前为止,我们已经探索了音符的图形表示,并给它们命了名。我们已经按照不同的速度行进,并随意添加一些大动作或声音。现在我们希望进一步探讨音乐思维中的书面作品。你认为,尤其是对于那些学习有困难的学生来说,开始体验自己当音乐作曲家的乐趣有多大?

直觉告诉我们,我们可以理解思想家贝儿是 T(Thinkerbelle),缓慢的莫是 S(Slow Mo),快速里克是 Q(Quick Rick),休息贝丝是 B(Bess Rest)。很简单,对吧?但如果你的班上有一些"大思想家",他们可能会希望根据音符的类型而不是音符的名称来作曲。也许他们以前学过音乐,对四分音符或二分音符的符号有概念。他们甚至可能对音乐完全陌生,但用音符来思考对他们是有帮助的。

在这种情况下,我们有另一种使用音乐思维进行交流的方式。我们可以将思想家贝儿标记为 W,代表全音符;缓慢的莫是 H,代表二分音符;快速里克是 Q,代表四分音符;休息贝丝是 R,代表休止符。如果是在音乐课上,你可以在五线谱上用音符来写曲子。在音乐思维中,你可以用四个字母来写关于思考、学习或行为的曲子。太酷了!等儿童带着书面编曲作品走进你的教室或办公室时,你会感到非常惊讶和高兴。

还记得在作曲活动 1—4 中,我们教儿童如何按照四分音符、二分音符、全音符和休止符来行进、踏步或行走吗?现在来玩这个游戏,在游戏中,我们会创作一些音乐思维的"音乐"。你甚至不需要五线谱。你所需要的只是一支钢笔、铅笔、马克笔或粉笔。写一小节音符。看起来像 Q-Q-Q-Q。这是一节四分音符。我们把四分音符换成二分音符。你可以用 x 来表示持续一拍。

是什么样呢?可以是 Q-Q-H-x,或者 Q-H-x-Q,或者 H-x-Q-Q。你和儿童可以随意安排。

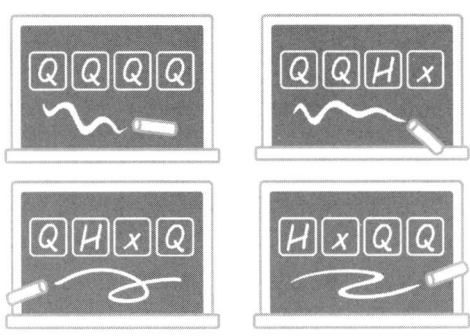

　　我们要不要升级游戏,写两小节曲子?继续只用缓慢的莫和快速里克,二分音符和四分音符。试一试——拿出一张纸,写出 8 拍,也就是每小节 4 拍。如果一点提示能帮助你,你可以在写下曲子时敲出它们。

　　你可能写过很多有趣的组合,例如,

　　我希望你在写交响乐时体验到很多乐趣。在我们继续后面的内容之前,先写出四个小节,加入思想家贝儿和休息贝丝,全音符和休止符。在我与临床工作者、教师和学生一起玩音乐思维游戏时,我都用休息贝丝来开始或结束一个音乐思维活动。对于我的学生来说,休息贝丝就是一个标志,表示活动已经结束,可以继续下一项活动。你可能比我更有创造力,发现了新的使用休息贝丝的方式,让你的大脑放松休息。

　　给你四个小节来试试。

活动 5

音乐思维——作曲
步行作曲

现在儿童已经学过了几个小节，我们可以四处走走，沿着圆圈，顺着蜿蜒的小路，绕着网球场或在篮球场上走。你可以在自家的私人车道上走，也可以在后院创作各种花样。你要做的就是带着音乐思维工具，并写下你要做的音符。

假设你要做 Q, Q, Q, Q, H, H, Q, Q, Q, Q, H, H，你需要写四小节。一节四分音符、一节二分音符、一节四分音符和一节二分音符。非常简单。

让儿童踏步，踏步，踏步，踏步；踏步（休止），踏步（休止）；踏步，踏步，踏步，踏步；踏步（休止），踏步（休止）。让他们体验这种感觉是非常有趣的。就是这样，按照 Q 和 H，或者四分音符和二分音符，或者快，快，慢，慢的模式来走。你可以做出各种各样的模式，只管去走。我们称之为步行作曲。现在，来访者、学生、班级、团体或家庭可以一起写一首曲子，练习，甚至通过走圆圈、八字形或蛇形让它变得更复杂。

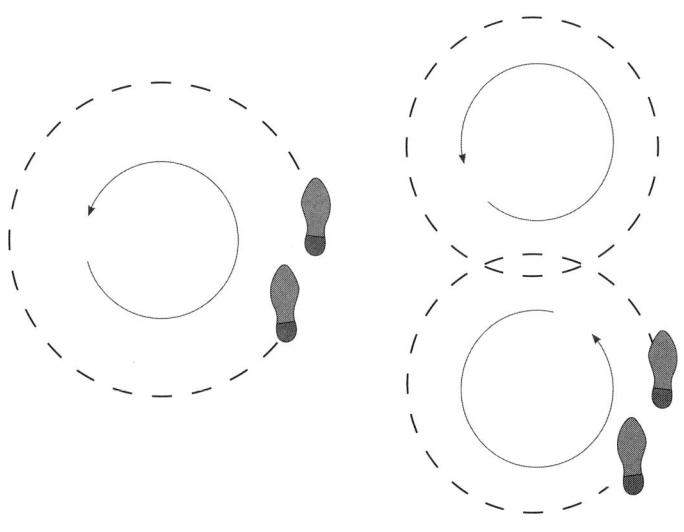

音乐思维——作曲
音乐运动作曲

现在儿童掌握了音乐思维的窍门,他们可以通过在音符中加入多种运动动作来增加运动的复杂性。他们可以写二到四小节的曲子,并加入运动动作。举个例子,当他们做四分音符时会蹦跳,做二分音符时会拍手。这些动作可以在行进中完成,也可以代替行进。当我们和儿童一起创作和表演"音乐作品"时,我们会添加各种元素,从声音到复杂的运动动作,比如蟹步。对于学得非常快的儿童,你甚至可以在作曲中加入认知元素来学习词汇、拼写、拉丁语、法语、历史和科学等。

你可以参考下面这些动作(和声音),或者自己编写。

音乐思维活动的动作和声音创意

飞机	蟹步	平板支撑	跺脚
天使的手臂	长颈鹿步	俯卧撑	超人
双臂向两侧伸展	踮脚走	西迷舞	轻拍
双臂上举	直升机	呼喊	老虎爬行
单腿平衡	高抬腿	曳步	脚尖行走
改变方向(后退,侧步,按正方形走,等等)	左右摆臀	跳绳	触碰脚趾
拍手	单脚跳	猛拉	瑜伽姿势
	跳	声音:吠声,咔嗒声,咆哮声,喇叭声,喵喵声	
	学怪物走		

一般来说，我们在编排音乐思维作品时，会在从一个音符过渡到下一个音符的过程中加入五个可能的层次——音符、声音、精细运动动作、大运动动作或如数节拍这样的提示。确定了基础的节拍、声音和动作后，我们就可以把认知、知识或学习叠加在上面。组合是无穷无尽的。

一种全新的学习和交流方式

当我们花一点时间去思考就会发现，音乐思维是一种令人兴奋的交流媒介。当儿童描绘出爱的音符时，他们可以用视觉图像来思考。他们可以用节奏来思考，因为音符代表每分钟的节拍。他们可以用两种主要的音乐思维手势，"平和的心"和思想家贝儿的"我在思考"的手势进行非言语交流。他们甚至能用数字写出音乐思维，比如 1-2；3-4。我还想和大家分享一种音乐思维交流的演变。一旦儿童了解了节奏、节拍、图形图片、音符名称和字母，我们就会告诉他们，可以在节拍、节律和节奏的基础上叠加认知成分，从而学习学术、行为或社会知识。

音乐思维：更多的认知应用——认知线索

我们把音乐思维应用到学习和行为的方方面面。你可以用爱的音符和节奏动作来做几乎所有的事情。我们教儿童如何用思想家贝儿的节拍坐在餐桌旁八个小节；用缓慢的莫向儿童展示如何把沉重的箱子搬到楼下。有一次，一个哥哥教弟弟怎样用乐高积木搭一座塔，同时用爱的音符保持冷静。我们甚至帮助儿童学习历史知识！下一页有一则小故事，选自我们丰富多彩的音乐思维快速入门手册，《音乐思维：教孩子如何思考的步骤》（Kenney, 2016）。

音乐思维认知应用的一个独特方面是，我们用提示卡片直接指导儿童的执行功能。当涉及学术、学习、行为、社交、情感或自我调节技能时，我们就能让儿童更了解他们正在使用的技能以及他们希望充分利用或提高的技能。

我们用下列方式给儿童提示：

- 定义任务。
- 说出执行任务所需的一到两项执行功能技能的名称。
- 定义相关的认知技能（用他们自己的话来说）。
- 告诉他们要做什么才能掌握执行任务的技能。

然后我们会和儿童一起回顾，看看哪些方式有效，哪些下次需要调整。下面是一些不同类型的提示范例。

莎拉，艾萨克·牛顿爵士和音乐思维

莎拉必须为即将到来的考试学习一页传记资料。过去她学得很粗略，没有做很多笔记，没有做颜色编码，也没有制作记忆卡片。今天，爸爸正试着帮助她制订一个策略，将资料信息转换成用颜色编码的记忆卡片，这样她就可以利用更周密的学习系统来记住这些资料。

爸爸："莎拉，我们用音乐思维来学习关于艾萨克·牛顿的知识吧。你能给我讲讲艾萨克·牛顿吗？"

莎拉："你知道吗，爸爸，他是个科学家。"

爸爸："哦，是的，我记得，他活到什么时候？"

莎拉："我不知道，看看这本书。"

爸爸："好主意！你可以拿出一张音符卡片，贴上标签，写下有关艾萨克·牛顿的相关知识。我在这本书上看到一些知识。我们需要一次读一个知识点，然后将这段文字制作成记忆卡片。"

牛顿爵士，英国皇家学会会长，国会议员，生于1642年12月25日，1727年3月20日逝世。牛顿是英国物理学家和数学家。在他那个时代，他被称为"自然哲学家"。牛顿是历史上最有影响力的科学家之一。艾萨克·牛顿爵士以他的万有引力理论而闻名。和戈特弗里德·莱布尼茨（Gottfried Leibniz）一样，牛顿也为微积分的发展做出了贡献。

莎拉："快点，爸爸，《爱卡莉》*马上就开始了。"
爸爸："既然我们正在学习新知识，那么缓慢的莫会怎么帮我们呢？"
莎拉："缓慢的莫会说，慢慢来，写下来，大声说出来。"
爸爸："来吧，这是一个很好的策略，我们翻开书，读里面的知识，写下来，大声说出来。如果缓慢的莫在帮助我们，那么'慢慢来'该怎么做呢？"

莎拉用手在桌子上轻敲，爸爸递给她一支铅笔，他们玩了一会儿，敲着缓慢的节拍。现在莎拉在笑。

爸爸："我们'缓慢的莫'这一段，把每个知识点分别写下来，用颜色进行编码，然后大声说出来。等我们做完的时候，《爱卡莉》就开始了。"

在这段短文中，莎拉的父亲用幽默和音乐吸引了她。他给莎拉讲了一些潜在的技能，这些技能是由几个执行功能表现出来的，包括提醒、选择、速度、计划、抑制和组织。他甚至把其中一个爱的音符变成了一个动词。莎拉的父

---

* 一部美国儿童喜剧。——译者注

亲说："我们'缓慢的莫'这一段。"对莎拉来说，意思是慢下来，一步一个脚印地按顺序完成各部分任务。

现在他们可以拿出读书卡片和彩笔，开始以一种分类的、彩色编码的方式写下艾萨克·牛顿的相关知识。首先阅读段落，然后在读书卡片上写下每一个知识点，这样就开始了学习的过程。每一次与学习内容的认知互动都提高了儿童对信息进行编码和存储的能力。

第三章 音乐思维

和乔伊就他学习词汇的方法进行认知对话

乔伊正在学习词汇。

a. **介绍提示**

1. 临床工作者或教师:"乔伊,我们现在要学习词汇。我们想一下,你的大脑需要哪些认知技能来学习词汇呢?"
2. 乔伊:"我需要把这个任务排序。我会把前五个单词分别写在一张单独的索引卡上,然后把它们放在面前。我会每次翻开一张卡片,首先我会说出这个词,接着拼写这个词,然后定义这个词。"

b. **音乐思维的认知应用**——此时,乔伊对音乐思维已经非常了解。他懂得节律、节拍和节奏。他已经见过爱的音符,还创作过曲子。现在他准备选择一个特定的音乐思维音符或序列,在此基础上安排词汇,以便他可以利用有节奏的动作来逐个练习这些词汇。

1. 临床工作者或教师:"听起来不错。你会用什么音乐思维工具来强化学习呢?"
2. 乔伊:"因为这些都是本周学习的生词,我会先按照缓慢的莫读出每个词。如果是很难的单词,我甚至可能会停顿,用到思想家贝儿。当我觉得这个词已经编码好了,我就会用快速里克来提取它。"

c. **其他提示问题**——你需要什么材料？你先做什么？你会按什么顺序来做？你会如何组织这一任务？你怎么知道你什么时候学会了一个单词？你什么时候知道任务完成了？你会如何向我发出信号，告诉我你想让我和你一起行进或数数？你会如何向我发出信号，告诉我需要我帮你说句话？

第三章 音乐思维

詹妮尔和她的"哦,太无聊"词汇

詹妮尔是一名三年级学生,她开始每周进行词汇测验。这意味着,每周一詹妮尔会得到一个新的词汇表;她需要在星期五考试之前记住这些词。第一周,詹妮尔对这个新任务感到很兴奋。但是现在已经到了第五周,她不愿意学习了,这导致了家庭矛盾。

在她的妈妈学会了音乐思维之后,她觉得自己有能力从音乐的角度来完成这项每周背诵的艰巨任务。

放学后,詹妮尔的妈妈独自走进客厅,开始前进,按照四分音符和二分音符组成的简单音乐小节移动和跳舞。她唱得很慢,且富有旋律,就像在自我陶醉。詹妮尔跑下楼梯,突然停了下来,看着妈妈在客厅里的"怪异举动"。

詹妮尔:"妈妈,你真难为情。"

妈妈:"我在练习词汇。"

詹妮尔:"妈妈,你真是太怪异了。"

妈妈:"我现在有很多东西要保存在工作记忆中。"

詹妮尔:"对,妈妈,你在编码那些单词,慢慢地去学习它们。"

妈妈:"所以我边想这个词边像缓慢的莫一样踏步。你的清单上有哪些单词?"

詹妮尔："我们来看看，有concentrate（集中）、conclude（归纳）、dem-onstrate（演示）、distract（分心）、flexible（灵活）、focus（聚焦）、generosity（慷慨）、master（掌握）、outstanding（杰出）、routine（常规）。"

妈妈："好，让我想想，如果我想给'CONCENTRATE'配上步法，有几个音节？CON-CEN-TRATE，有三个音节！我能做到！我会用二分音符，二分音符，二分音符，然后像休息贝丝一样拍手，表示'我们做完了！'所以它是一个单词，有三个音节，可以用两个音乐小节来表示。哦，太有趣了！想和我一起试试吗？"

当你们接触到音乐思维的认知应用工具时,自然就会产生这些对话。你和孩子已经开发了一种新的交流工具,孩子会很兴奋地练习、运用甚至教你他的技能。所以相信你的临床直觉。这是对话,不是剧本。

有时我们甚至和儿童一起制作提示卡片。他们写出认知技能或执行功能,对它们进行定义,然后写一个他们通常使用这种技能的例子。你可以看到自己在鼓励元认知的应用,同时也在鼓励思考技能。儿童在思考的同时也在观察自己思考的过程。看到孩子们茁壮成长真是太酷了。

下面是另一种学习词汇的方法,其中包含提示。

更多的认知评论

现在来看看,我们如何利用音乐思维来记忆。即使我们和一名儿童一次只有二十分钟的相处时间,我们也可以通过快速里克和缓慢的莫来介绍节奏,并真正地改变儿童的思维方式。上个周末我和女儿一起打网球时就是这样做的。她发球的速度是4/4拍,非常快。快,快,快,快。但教练告诉她发球应该是1-2-3,而不是1-2-3-4。所以当我对她说,"它更像是慢,慢,快,"她马上就感觉到了。这种方法非常简单,只需要说:"慢点,然后快点。"从5岁到80岁,任何人都能很快学会。

好了,回到记忆上来。正如我们已经说过的,我们把爱的音符应用到认知学习的方式就是简单地用缓慢的莫来引入新内容,通常最初是用每分钟50拍的歌曲或一个节拍器。我们最初也用缓慢的莫来提取,因为我们正在学习新的内容。然后，当儿童对材料有了更好的理解时,我们要求儿童按快速里克来提取。在社交技巧、外语、拼写单词、数学知识等方面也可以这样做。

在继续后面的内容之前，我给你举个例子，告诉你如何用爱的音符来教授社交技巧。想象一下你和詹尼弗在一起，她是一名自闭症患者。她想学习如何迎接一位将到学校拜访的重要人物。给詹妮弗介绍过爱的音符后，你们就可以用它们来完成一项任务，比如如何握手。

你可以简单地与儿童一起按照节拍行进或步行，然后握手的过程。"首先，我们用思想家贝儿想象一下，当我们和斯文森太太握手时，我们会做些什么。然后我们慢慢数三个数，同时伸出手。准备好了吗？我们来试试——伸出手来，握手，把手放在身边。""太棒了！我们再试一次。我们会按缓慢的莫来做，这样我们的动作就会流畅自然。""做得好！我们还可以用爱的音符来练习什么呢？"

你可以用音乐思维来提高各种技能。最重要的是，和儿童一起游戏时要有创造力，要玩得开心！我们希望你享受学习、跳舞、拍手、数数、行进等；下一章我们将介绍一些执行功能活动的创意。下面这则故事能帮助我们记住"学习都是关于人际关系的"。

连接才是最重要的

一天,我到一个一年级的班级去接一名学生做心理咨询。我和他的老师约好了这次见面,但我没有意识到要在课间休息时带他离开。那是一个完美的初秋日子。当老师把约翰尼叫过来时,他显然很不高兴。他垂着肩膀,皱着眉头,嘴里发出一声响亮的哀鸣。老师问:"怎么了?"约翰尼说:"因为我正玩得很开心,你叫我过来,现在我得走了。"老师解释说,他正要叫其他同学回来排队,但这并没有让约翰尼感到安慰。我们沿着走廊走的时候,他大声地对我说:"这是最糟糕的!"

当我们到我的办公室坐下来时,我试着回想约翰尼当时的感受。我说:"我明白了。你在外面玩得正开心,你很沮丧是因为你不得不缩短时间,即使只少了几分钟。你预先没有料到。不过,我很高兴你能来这里。我想我们的见面会很愉快。"约翰尼的情绪没有缓和,"是啊!你说得对。我不想和你见面!"他大喊。我只是点头等待。接下来,他瞥了一眼我架子上的优诺牌。"哦,我知道优诺牌!"他说。我问:"我们谈话时,你想玩一会儿吗?"他点了点头。我让他提醒我注意规则,这时候,他的声音变得轻快,他笑了。在我们玩游戏的时候,我说,"我想给你看一些东西……"然后我开始画画。我画了简笔人物画,解释说我还是一名正在努力的艺术家。

第一张图是一个小男孩拿着饭盒,他的嘴是圆的,站在一个长得很高的老师旁边,老师的嘴是直线的。然后我画了自己,一个穿着三角裙子的小人,有着微笑的小嘴，站在走廊里的圆嘴男孩旁边，最后一张是我们两个坐在椅子上，但现在男孩也笑了。我指着第一张图问，"你知道这代表谁吗？""我？"他问道。"是的，"我说，"那就是你在外面的时候，圆圆的嘴，因为你在发怒，你说话时也在发怒。这是你和我在走廊里。我没有生气，我很高兴今天能见到你，但你在走廊里时还在生气。现在看看这个——这还是你，但有什么变化？"约翰尼说："我现在很高兴。""没错，"我说，"但令你生气的事情——在课间休息时离开——并没有改变，对吧？那么是什么让你现在变得高兴了呢？"

约翰尼皱起眉头，想了一会儿。我说："当你大张着嘴时在说什么？"约翰尼说："我不想回去，在走廊里时我说，这是最糟糕的，我不想和你一起走。""是的，没错。我记得。你坐在椅子上时说了什么？"约翰尼想了想说，"我在说优诺牌。"然后我说："啊，所以你说出来的话不一样了……当这些词变成你喜欢的词时，你的感觉似乎也不一样了。当你坐在这里的时候你脑子里在想什么？""嗯，我看到你的优诺牌，我在想，我喜欢玩优诺牌，我很擅长！"我说："约翰尼，你发现你今天做了一件多么美妙的事了吗？你摒弃了那些让你感觉不好的词语，发现并说出了那些让你感到高兴、平静甚至开心的词语。情况没有改变，但是你改变了，所以你可以处理妥当，你没有让一点小的坏事毁掉整整一天。我为你感到骄傲！"约翰尼绽开了笑容！我也怡然一笑！我们一起玩了优诺牌，他光明正大地赢了。

第四章

促进执行功能的思维活动

第四章介绍的是适合儿童年龄的，可以在办公室和学校与儿童玩耍的活动，有助于提高儿童的执行功能和思维能力。这些都是在临床实践中创造出来的活动，通过这些活动，儿童可以练习执行功能技能。在许多可以支持健康的思维技能发展的活动中，它们只是一些样例。享受这些活动，去改变，去改进，去模仿，最重要的是——去**玩**！

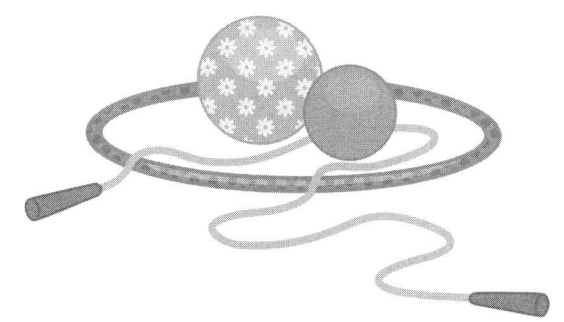

思维
目的圈

描述：儿童经常表现出让他们陷入困境的行为，却很少意识到是什么导致了他们的行为，以及"他们是怎么变成这样的"。儿童有一种需要或冲动，他们会根据这种冲动行事，有时就在一瞬间。你可以教导他们需要"有目的"地行动，从而帮助他们提高"正念意识"。我们需要用心行事。"目的圈"能帮助儿童认识到他们在行为时可以做出选择。在选择时带着目的可以帮助他们选择对自己有利的行为，而不是让自己陷入麻烦的行为。

你可能希望与儿童一起探索的相关技能：

- 认知灵活性
- 决策
- 情绪调节
- 集中注意
- 冲动控制
- 抑制
- 组织
- 规划
- 预览
- 优先
- 问题解决
- 持续注意

材料：一个呼啦圈。

准备：让儿童把呼啦圈放在地板上。"每次你做一件事，你都可以选择想清楚，或者不加思考就匆忙行事。当你深思熟虑并做出行动的决定，而不是匆忙行动时，你会做出更好的选择。我们来练习每次选择做某件事的时候都踏入目的圈，做出深思熟虑的选择。准备好了吗？游戏开始。"

开始游戏："接下来的几分钟里，每当你选择做一些新的事情时，你都要进入目的圈并陈述你的意图。像这样：'我要去艺术桌，画一幅狮子的画。'"

"你到了艺术桌想怎么画就怎么画，然后当你脑子里想做其他事，而不是正在做的事时，你就要回到目的圈，大声说出你计划要做的下一件事。"

"就像这样，'我画了一头狮子，现在我要把它放在我的背包里，这样我就可以把它给我妹妹了。'"

玩几分钟的目的圈，直到儿童"带着意图"行动。目的圈是一种极好的方式，可以教会儿童不论选择做什么，都是有目的的。在他们的行动中加入思考可以减少冲动，并让他们首先意识到他们正在选择的行动。

想一下。在你把儿童带到办公室或游戏室，和他们探索来这里是因为什么行为时，很多和你互动的儿童可能会对你说"我不知道"或"我不记得"。通过玩"目的圈"游戏，儿童开始体验"有意图"的移动、做、选择和行为。很少有儿童会走进目的圈说："现在我要打乔伊的脸。"想象一下，如果他们不得不这么做，他们的行为就会改变，对吧？

回顾：

1. 进入目的圈并陈述你的意图是什么感觉？
2. 在今天之前，你知道"做出选择"是什么意思吗？
3. 在今天之前，你知道每次你做一件事都是一次选择吗？
4. 你每次选择一个新的动作，都要踏入目的圈，这样做是困难、愚蠢，甚至可笑的吗？
5. 当你不得不一遍又一遍地走进目标圈时，你有什么感觉？
6. 你学到了什么？
7. 你觉得你的兄弟姐妹或朋友需要这样做吗？
8. 那会是什么样子？
9. 你知道谁会喜欢这个目的圈吗？
10. 他们会喜欢它的什么呢？
11. 你知道有谁需要三思而后行吗？
12. 那个人会喜欢还是不喜欢目的圈？

13. 如果你教你的同学如何使用目的圈，你会说什么或做什么？
14. 如果你教别人使用目的圈，你会如何改进它？
15. 你认为目的圈能帮助你更谨慎地选择行动吗？
16. 如何做？为什么？

思维
复制猫！

描述： "复制猫"是一种有趣的游戏，儿童可以利用他们的精细运动技能、观察力和记忆力来复制他们看到的或看过的、必须努力记住的图案。

你可能希望与儿童一起探索的相关技能：
- 主动发起
- 记忆策略
- 组织
- 排序
- 持续注意

材料： 供儿童选择的搭建材料，或你想让儿童复制的人物图片。

准备： 使用培乐多彩泥、积木或乐高，搭建一个人物，让儿童搭建一个大小和颜色完全相同的复制品。对于年龄较小的儿童来说，给他们看这个模型，并把它放在他们可以看到的地方。对于年龄更大一些的儿童，试着增加任务的难度，把模型向他们呈现60秒，然后把它放在看不见的地方，儿童需要尽量根据记忆来重现它。

开始游戏： "我们来看看你是否可以用这种材料复制这个图形。花点时间观察它，决定你需要什么来搭建它。试着边做边大声说出你的想法，像这样，'首先我会……然后我会……'开始！"

回顾： 用简单的问题了解儿童的体验，比如：
1. 你喜欢这个活动的什么部分？

2. 你用了什么策略来记住这个物体?
3. 通过想象来记住物体是容易的还是困难的?
4. 你采取了哪些步骤来复制这个物体?

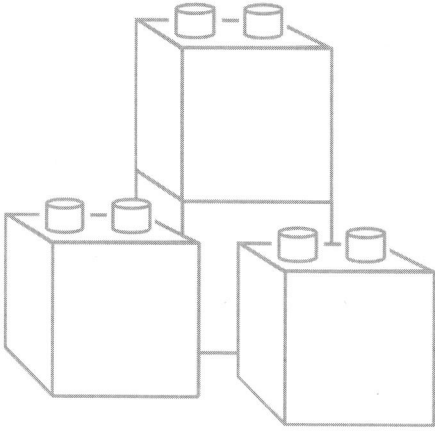

思维排序！

描述： 排序是一种富有想象力的方式，让儿童去组织、优先排序并记住他们可能喜欢的东西。儿童将不得不进入思考状态，遵循顺序规则（例如，从最小到最大排列），或者创建他们自己的规则，使列出的项目有一定逻辑顺序。

你可能希望与儿童一起探索的相关技能：
- 记忆策略
- 排序
- 组织
- 持续注意

材料： 杂志或目录、剪刀、胶棒、纸、铅笔、海报板。

准备： 让儿童看玩具目录或杂志，把他想要或想玩的东西剪下来或列一个清单。接下来，让儿童把物品按某种顺序摆放。对于年龄较小的儿童，你可以建议这样排序："从你最想要的到最不想要的排列"，或者"按字母顺序排列"，或者"按价格排列"。对于大一点的儿童，你也可以让他们写一份物品的描述，剪下图片，创建一个有描述和图片的列表，甚至策划一次展览。对大一点的儿童来说，还有一种方法是让他们看剪下来的图片60秒，接着把图片收起来，然后让他们凭记忆重新列出清单。

开始游戏： "我们要玩一个思考游戏。这个游戏从写下你想从这些很酷的目录和杂志中订购的东西的愿望清单开始。规则是可以选择任何你想要的东西，但你必须想出一种合理的方式来组织你的清单。例如，我的清单中包括颜色是我最喜欢的蓝色的物品。或者我将按照从最小到最大的方式来组织我最喜欢的蓝色物品清单。无论哪种方式都很好。只要你说出规则是什么，并且我可以使用或理解这一规则，你可以为你的愿望清单列出任何你喜欢的东西。当我们结束的时候，你们每个人都可以试着猜测对方的规则。"

回顾： 用简单的问题了解儿童的体验，比如：

1. 谁的规则最容易猜到？
2. 为什么它很简单？
3. 谁的规则最难猜到，为什么？
4. 你喜欢谁的愿望清单？
5. 找到符合你规则的东西有多难？
6. 在你找到最初的几个东西之后，任务变得容易了吗？
7. 你是先选择东西，然后制订规则，还是先制订规则，然后选择东西？

思维
颜色词游戏

描述： 颜色词游戏可以单人玩，也可以全班一起玩。这是一个有趣的活动，可以提高视觉技能、短时记忆和成果输出。

你可能希望与儿童一起探索的相关技能：

- 警觉性注意
- 运用过去的知识
- 认知灵活性
- 认知持久性
- 决策
- 探索
- 集中注意
- 冲动控制
- 抑制
- 记忆策略
- 视觉扫描
- 工作记忆

材料： 索引卡、彩色马克笔。

准备： 用不同于所写单词的颜色的马克笔，在卡片上写下颜色词。例如，用蓝色马克笔写下"红"这个词。制作尽可能多的卡片，要符合儿童拥有的颜色知识。

开始游戏： 快速地把卡片翻过来给儿童看。首先让儿童尽可能快地说出卡片上的内容，然后翻开 5~10 张卡片。每次儿童正确读出卡片上的单词时，得 1 分。接下来洗牌。现在让儿童说出卡片上墨水的颜色。翻开 5~10 张卡片，每次儿童正确说出墨水颜色的名字，得 1 分。最后，让儿童在说出所写的字和墨水的颜色之间切换。答对一个给 1 分。为了让游戏更有趣，积分加起来可以兑换小奖品，比如糖果、自制压力球或休息卡。

回顾：

1. 说颜色名和墨水颜色哪个更难？
2. 你是否使用了让游戏更容易的策略？
3. 列出你在说话或回答之前用到的思考或停顿的策略。

思维
我的愤怒管理器

描述： 儿童可以体验到很多情绪，其中一些情绪太强烈，以至难以承受。我们从认知科学中了解到，意识到自己的情绪状态使一个人能够更好地管理和调节自己的情绪。使用"我的愤怒管理器"，我们帮助儿童退回去看看是什么使他们感到愤怒，他们如何应对愤怒，以及他们还可以说什么、想什么和做什么，以便巧妙地利用他们的愤怒，而不让他们受制于愤怒，或让愤怒影响他们的人际关系。第105页的表格是一个方便的资源，可用于儿童或青少年的情绪探索、对话和问题解决。

你可能希望与儿童一起探索的相关技能：

- 批判性思维
- 决策
- 情绪调节
- 探索
- 冲动控制
- 叙事语言
- 解决问题
- 反思

材料： 马克笔、钢笔、表格。

准备： 介绍下面的概念——我们可以说出、写出或画出我们的感受，以便更好地应对我们的情绪。打印出"我的愤怒管理器"的图片，探究是什么引发了儿童的情绪，以及儿童可以做哪些改变来更好地管理自己的情绪。

开始游戏： 经历在我们的内心中创造了各种不同的感觉。有了"我的愤怒管理器"，我们可以探究发生了什么，以及它给我们的感觉。让我们依次来探究这些问题，写出并谈谈：

- 发生了什么事？
- 这个人说了什么？

- 它让你感觉如何?
- 什么让你生气?
- 你在想什么?
- 你说了什么?
- 你的身体感觉如何?

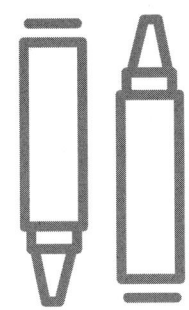

回顾：

1. 你如何换个想法来让自己平静下来呢?
2. 你还能怎么想呢?
3. 如果你的想法比较冷静，你的身体会有什么感觉?
4. 你能对自己说些什么来让自己平静下来?
5. 为了得到你需要的东西，你可以对别人说些什么呢?
6. 你能对其他人说些什么来帮助他们保持冷静?
7. 下次再有这样的体验会有什么不同?
8. 你保持冷静的计划是什么?
9. 让我们重写这个故事的结局，怎样可以有一个更快乐的结尾呢?

我的愤怒

当我想清楚的时候，
我可以做得更好

事情是这样的：
_____

他/她说的话：
_____

他/她做的事：
_____

让我生气的是：
_____

我是这么想的：
_____

我是这么说的：
_____

我身体的感觉：
_____

我是这样做的：
_____

这是我下次能做的
这样想：
_____

这样说：
_____

这样做：
_____

活动 6

思维
我要去野餐

描述： 我们都很熟悉游戏"我要去野餐，我要带……"。每个儿童都要跟着前面的人说一件自己要带的东西。第一个说的学生通常会从以字母 A 开头的东西开始，下一个学生重复这个东西，并说一个以字母 B 开头的东西，以此类推。在我们的"我要去野餐"游戏中，你可以和大家一起制作自己的卡片，分发给大家。每张卡片上都有一项活动，要求人们理解某些活动是按照特定的顺序进行的。例如，一张卡片可能是一张铺好的床的照片。然后，儿童需要一起写出、表演或者大声说出铺床的步骤。在这里选择简单的任务。你教的是顺序，几乎每一个动作都有步骤或顺序。我们让儿童详细说明执行任务所需的一系列步骤。在我们的游戏中，物品不是按照字母顺序来组织的，而是按照任务中的排序来组织的。

举例： 我要烤一个纸杯蛋糕；我要铺床；我要收拾书包；我要给妹妹做早餐……

下面是你的卡片上可能出现的活动图片。你可以简单地从杂志上剪下照片，也可以手绘图片。有时儿童甚至会提出任务并画出来。这些都是促进大脑发展的活动，所以享受这样的艺术过程吧。

- 烤蛋糕
- 清理早餐后桌上的盘子
- 完成数学作业
- 洗一堆衣服
- 清空洗碗机
- 喂猫
- 帮助家人种花
- 为两个人做煎饼
- 准备第二天上学的书包
- 画一幅画
- 给弟弟或妹妹读故事书
- 整理床铺
- 遛狗
- 写一首诗

每个学生都必须重复第一句话："我要……"并按恰当的顺序将有序的步骤添加

到前一个学生所布置的任务中。为了帮助他们编码，我们提供马克笔和纸，儿童可以画图或写一个字来帮助他们记住步骤的顺序。

这是一项很酷的活动，它可以促进认知灵活性和逻辑、顺序思维。当参与者以不同的方式完成任务时，灵活性就发挥了作用；为了避免遗漏重要的步骤，则需要逻辑性。

思维
任务游戏的各部分

描述：这项活动有点儿像"我要去野餐"。但是，在这个游戏中，儿童实际上会成为任务的一部分。

你可能希望与儿童一起探索的相关技能：

- 警觉性注意
- 运用过去的知识
- 认知灵活性
- 认知持久性
- 情绪调节
- 集中注意
- 抑制
- 记忆策略
- 组织
- 计划
- 优先
- 排序
- 持续注意
- 工作记忆

准备：每个儿童抽一张卡片。一些卡片上有完成任务所需的一系列步骤的一部分，一名儿童会抽到完整的任务卡片。活动目标是让学生一起合作，根据自己持有的卡片上的步骤，按从任务开始到结束的顺序来排队。学生必须互相交谈，根据卡片上步骤的顺序来排队。儿童必须互相交谈，解决问题，以决定他们必须排在其他人前面还是后面。

开始游戏："今天我们要玩一个让你动脑筋思考的游戏！你们每个人都会抽一张卡片，上面会有完成一项活动的其中一个步骤。你们中的一个人会抽到完整的任务卡片。你们的任务是站起来，互相交谈，找出应该站在队伍的哪个位置上。你们应该按照正确的顺序排好队，从任务开始到任务结束。"

举例：完整的任务或活动卡片："做一个火鸡奶酪三明治。"动作卡片（任务或活动的一部分）：

- 准备原料
- 准备一个盘子
- 把两片面包放在盘子里
- 把三片火鸡放在一片面包上
- 把一片奶酪放在一片面包上
- 把面包、奶酪和火鸡放在一起
- 把三明治切成两半
- 收起食材
- 洗盘子和刀

"我的卡上说……""我一定是排在最后的。""我的卡上说了清理，我想那是最后一步。""奶酪和火鸡没有逻辑顺序，我想我们可以并排站在一起！"

和许多这样的活动一样，我们鼓励主持者用想象力和创造力来激励游戏和他想要实现的目标。当儿童贡献他们的想法时，看着游戏发展是非常有趣的。

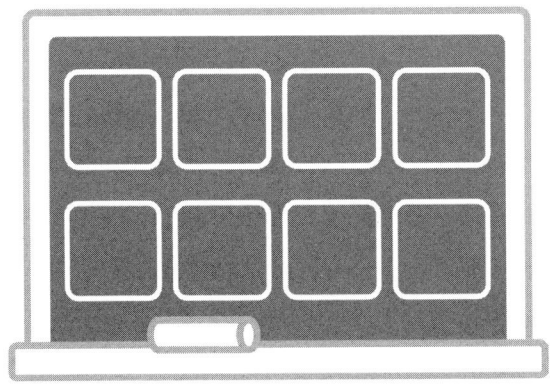

思维
（保持平静和联结）说什么最好

描述： 每天我们都会经历这样的时刻，我们互相交谈时使用的词语和语气会影响对方的反应。帮助儿童（教师和家长）注意他们的非言语手势、使用的词语和语气有助于他们成为更有效的沟通者。

你可能希望与儿童一起探索的相关技能：

- 运用过去的知识
- 认知灵活性
- 创造性思维
- 批判性思维
- 决策
- 情绪调节
- 探索
- 抑制
- 叙事语言
- 反思

准备： 让儿童坐在桌子旁，或面对面围坐成一圈。告诉他们，"我们现在要玩'说什么最好'的游戏。我为这个游戏制作了一副纸牌，牌上有不同的场景。我们将轮流来读这副牌。一个人要大声读出牌上的句子，另一个人要用一句话来回应，这句话的重点是让所有人都保持平静和联结，而不是愤怒、害怕或防御。由于没有完美的答案，所以，我们将友好地讨论大家给出的回答，并探讨它为什么是一个有益的回答。如果我们觉得有另一种说法，也可以说出来。"示范读出一张卡片上的场景并友好地回答，然后让儿童挑选卡片并给出答案。可以一对一进行，也可以两人一组，或者分小组或全班一起。给儿童示范非防御性的回答和表示友好，不进行评判。

保持平静和联结的四部分计划

你甚至可以教给儿童保持平静和联结的四部分计划：

- 我的感觉
- 我如何看待这种情况
- 我的意图
- 我的目标或计划

帮助每个人在说话时包含反映四部分计划的一些句子，这可以改变父母、教师和儿童之间的交流方式。

举个例子：你会如何回答？

场景是这样的：你正在家里看电视，妈妈刚进门。

语句是这样的：她说："嗨，亲爱的，你有没有按我吩咐的喂狗？"

平静（但诚实）并保持联结的回答是："妈妈，你一看到我立刻就提醒我要做的家务（感知），让我感觉很烦（情绪）。我坐在这里看电视是为了放松（意图），你刚才这样，我就会感到有压力。我知道我应该记得喂狗（意图），但我们能不能找个更好的方式来提醒我（目标）？"

妈妈的回答是："嗨，亲爱的。我看到你正在享受这个节目（成人非评判的感觉）。我担心（情绪）狗没有吃饭，我认为你分担家务是非常重要的（意图）。我们是否可以这样，当你喂狗时（计划和目标），在日历上做个标记，这样我们就都知道狗被照顾得很好？谢谢你。"

我们写了五个问题，你可以自己编问题，写在索引卡或卡片上，供儿童作为会话卡片使用。

开始游戏：

卡片 1：

你会如何回答这句话？

场景： 你正在家里看电视，妈妈刚进门。

语句： 她说："嗨，亲爱的，你有没有按我吩咐的喂狗？"

卡片 2：

你会如何回答这句话？

场景： 你忘记做家庭作业了，老师在问你。

语句： 他说："杰西卡，你为什么又忘了做作业？"

卡片 3：

你会如何回答这句话？

场景： 你整个上午都想玩电子游戏，可你弟弟一直在玩。你问他能不能让你玩一会儿。

语句： 他说："你昨天玩了一整天，今天该我玩一天了。"

卡片 4：

你会如何回答这句话？

场景： 要和朋友一起去海滩让你很兴奋。你正在准备的时候，爸爸进来告诉你该去清理树叶了。

语句： 他说，"耶利米，我很高兴你还在，你可以在我修剪草坪的时候去清理树叶。"

卡片 5：

你会如何回答这句话？

场景： 你要和家人去公路旅行。他们都在你还不饿的时候吃过了早餐。现在你已经在车里待了两个小时，准备吃饭了。你让奶奶在餐馆停车。

语句： 她说："米凯拉，你两个小时前有机会吃东西，但你选择不吃；我们到旅馆后再吃饭。"

回顾： 谈谈"下意识的"回答和"平静且保持联结的"回答有什么区别。"下意识的"回答通常是冲动的，可能带有批评、愤怒或讽刺。这种回答往往是防御性的，会使事情变得更糟。一个"平静且保持联结的"回答仍然是诚实的，可能会带来强烈的情绪，但它有一个合理的要求，将对话从防御性转向合作性。你甚至可以和你的来访者或学生一起练习不同类型的回答，向他们展示攻击性、防御性和合作性回答的区别。

花点时间谈谈我们如何使用非言语手势、面部表情、语言和语调来回应他人。当别人说的话不是我们所期待的时候，讨论该如何回应。讨论一下，即使当我们可能有强烈的情绪时，我们有哪些不同的需求以及如何最好地回应。这是一个有价值的角色扮演和探索活动，可以帮助儿童（和成人）变得有能力对困难的情境做出积极回应。

思维
什么对我有用？

描述： 儿童经常有一些自己没有意识到的情感和想法。这些关于生活经历或特定情境的情感和想法可能导致不安，从而增加焦虑。

就其核心而言，焦虑的认知（因为焦虑也有很强的生物学成分）观点认为，焦虑是由于一个人感知到他不具备应付或管理日常生活中的特定任务所需的必要技能。举个例子，如果单词对儿童来说很难阅读、记忆和提取，儿童可能会对词汇测验感到焦虑。当儿童觉得自己没有能力找同伴一起吃午饭，让自己不感到那么孤独时，他们可能会对去吃午饭感到焦虑。

"什么对我有用"可以帮助儿童思考在特定的生活情境中有用的东西和没用的东西。然后我们会教儿童寻找新的想法、语言和行动，以一种新的方式来应对这种情况。你可以在各种情境下使用它，发挥你的创造力。

让我们看看午餐的例子。我们会轻声地、一对一地和儿童这样说：

"乔伊，我看到你每天吃午饭时都在犹豫。我想更多地了解你的感受。你愿意和我一起玩一个关于午餐时间的思维游戏吗？"

"我们来写一些对你去吃午餐时有用的东西。然后填在'什么对我有用'的工作计划表中，并制订一个计划，让你在午餐时间感觉更好。"

乔伊——午餐的例子

老师:"我们来想想你喜欢午餐的哪一点。"

乔伊:"嗯,我通常都很饿,所以能吃东西很好。"

乔伊:"我喜欢烤奶酪。"

乔伊:"山姆在学校的时候,我通常和他坐在一起。"

老师:"太棒了!我们来把这些写在绿色的框里,什么对我有用。"

老师:"现在说说午餐时间你不喜欢什么?"

乔伊:"我讨厌一个人坐。"

乔伊:"山姆经常生病,所以我不得不一个人坐。"

乔伊:"没人让我和他们坐在一起。"

乔伊:"很尴尬。"

老师:"谢谢你和我分享,我明白了一个人吃午饭是多么难过。"

老师:"我们的'什么对我有用'工作计划表上还有第三个方框。我们来头脑风暴,想想我们能如何改变午餐时间,让你对吃午餐感觉好一些。"

老师:"假如午餐让你感觉更好,那该是什么样的?"

乔伊:"嗯,我想有一个朋友一直陪着我。"

老师:"除了山姆,你还想和谁坐在一起?"

乔伊:"杰西卡,但她和她的朋友们坐在一起。"

老师:"如果你问杰西卡,'嘿,杰西卡,山姆不在的时候,我可以和你们一起吃午饭吗'会怎么样呢?"

乔伊:"她可能会说,'不行'。"

老师:"什么时候问她比较好呢?最好的时间是在午饭前,还是你可以让她在某天的课上提前计划好?"

乔伊:"我可以在早上上学前问她。"

老师:"好吧,我们把它写下来,也许还可以练习一下你会用到的单词。"

老师:"然后我们可以写一些关于你可以做哪些事的其他想法,让午餐时间对你来说更快乐。"

　　作为教师、临床工作者和家长，你知道，与儿童的对话可能非常直截了当，可能你需要在对话中给予他们帮助。要有耐心，问一些反思性的问题或者让儿童告诉你更多信息："帮助我更好地理解。"

　　让儿童知道，通过观察什么是有用的，以及他们希望看到哪些不同，能够解决困境。这一点是可以学习的，并且可以带来更好的日常体验。

什么对我有用　　　　　什么对我没用

让我感觉更好的计划

思维
袋子里是什么？

描述："袋子里是什么"是一款基于藏和找的叙事语言游戏。活动的目标是使用词语来描述一个不可见的已知对象。

你可能希望与儿童一起探索的相关技能：
- 警觉性注意
- 运用过去的知识
- 认知持久性
- 批判性思维
- 情绪调节
- 集中注意
- 抑制
- 问题解决
- 工作记忆

材料：一个午餐袋大小的棕色纸袋；5个小玩具或物品，一次放一个在袋子里。

准备：让儿童收集5件对他来说有趣或有意义的小物品或玩具。把物品放在你身后伸手能够到的平面上。面对儿童坐下，距离大约1米。

开始游戏：一次把一个东西放到纸袋里，然后把袋子合上。把袋子交给儿童，让他描述袋子里的东西，但不要说出物品的名称。例如，如果袋子里是一个小玩具士兵，儿童可以说："它是一个坚硬的玩具，它有锋利的边缘，它小到可以放在我的手里。我认为它是玩军人游戏时用的。"告诉儿童他可以打开袋子看看"袋子里是什么？"

或者，成人可以收集5个儿童不知道的有意义的物品。可以在儿童熟悉游戏后，或当儿童有了发现"哦！它是一个玩具士兵！"的经验之后进行。

回顾:
1. 你怎么知道它是什么?
2. 是什么让描述这个玩具变得简单或困难?
3. 你触摸过这个玩具,但没见过它时,你觉得它有什么不同吗?
4. 它还可能是什么呢?

如果儿童没有描述清楚这个物品,或者不确定它是什么,给予儿童一些提示。
1. 它的感觉如何?
2. 是硬的还是软的?
3. 它是尖锐的还是圆润的?
4. 它是湿软的吗?
5. 你能猜到它有多长吗?
6. 它是不是太大了,你的手掌里都放不下?
7. 你认为人们会用这个物品做什么?

探索完第一个物品后,继续探索第二个。一直玩到儿童的注意力或兴趣开始减弱,然后换另一项活动或游戏。

思维
我是间谍侦探

描述: "我是间谍侦探"是一个很有吸引力的记忆游戏,要求儿童观看并记住随机的物品。可以教给儿童记忆的策略,比如用记忆术记一个清单,把物品和故事联系起来,在他们的脑海里把物品按一定的顺序排列。

你可能希望与儿童一起探索的相关技能:

- 警觉性注意
- 运用过去的知识
- 批判性思维
- 决策
- 情绪调节
- 探索
- 集中注意
- 冲动控制
- 记忆策略

- 组织
- 计划
- 问题解决
- 反思
- 排序
- 继时性加工
- 持续注意
- 视觉扫描
- 工作记忆

材料: 托盘或盘子,10~25个不同的小物品。

准备: 收集一托盘各种形状和大小的物品。把东西放在托盘上。开始时只放几件物品,慢慢增加托盘上的物品数量。

开始游戏: 给儿童看托盘,让他们仔细看上面所有的东西15~30秒(取决于儿童的年龄)。接下来,把托盘拿走,让儿童尽可能多地写下他们能记住的东西。对每个正确的答案打分或贴上贴纸。写出正确物品最多的学生是第一轮的获胜者。接下来,再次向儿童展示托盘并拿走一些物品。把托盘拿走,让儿童试着回忆哪些东西被拿走了。通过拿走或添加新物品来创造各种记忆挑战。

回顾： 当游戏结束时，问问儿童他用过哪些记忆策略。帮助儿童根据策略组织物品，这样就更容易记住所有的物品。再次展示记忆挑战，并演示记忆策略（如熟悉、分类或分组）对记忆有哪些帮助。

活动 12

思维
我爱我的备忘录

描述： 计划和组织对许多学生来说是一个很大的挑战。使用计划表是一种简单的方法，可以让儿童变得有条理，关注接下来要做什么，提醒自己和每周的工作安排。打印计划表，或者开发一个适合儿童具体需求和活动的计划表。以可视化的方式管理自己的日常任务是一种获得和保持条理的有效方式。

把每天计划要做的事情记下来：	星期一	星期二	星期三	星期四	星期五	星期六	星期日
家庭作业							
最后到期日/分解任务到期日期							
测验和考试的日期							
课外活动							
学习小组和复习							
老师的额外帮助							
会议							
待办事项清单							

思维
备忘录的使用

活动 13

描述：这个可复印的表格是一个方便的工具，可以帮助儿童将他们的日常任务和活动"放在第一位"。儿童可以填写他们处理不同任务的"计划"，并在储物柜、背包或家里的工作区中保存一份副本。复印这个表格，或者根据每个儿童的需要和活动为他们制作一张表格。

在你的储物柜、书桌和家里放一份副本。定期检查你的计划表。在每一格中写下你要做的一件事：	星期一	星期二	星期三	星期四	星期五	星期六	星期日
早上上学前我会：							
在课程开始和结束时，写下我的作业							
放学回家后我会：							
完成一项任务时，我会在计划表中划掉							
睡觉前，我要收拾好明天要用的材料							
我希望记住的其他任务包括：							

活动 14

思维
击退内心的恶霸：元认知

描述：当一些消极情绪出现的时候，儿童常常会感到被情绪所支配。帮助学生了解，情绪并非事实，他们有力量击退那些无益的想法，因为这些想法会导致强烈的消极情绪体验。教会儿童使用积极的应对策略，从而感觉更好。有些儿童一开始很难理解情绪和想法之间的区别。我们有一种区分的方法：情绪可以总结为一个词，但想法是一个我们在心里自言自语的句子。通过击退那些无益的想法，选择说另外一些可能更有帮助也更真实的话，我们可以感觉更好，然后再决定下一步做什么。

例子：

当我的拼写测试没有达到预期的效果时，我感到很**难过**。

有时当我感到难过的时候，我注意到自己脑海中的话是"**我太笨了。我永远也学不会拼写。**"

我注意到这样对自己说或这样想都不是件好事。我不会对朋友这么说。通过用下面的话代替，我击退了那个内心恶霸：

"**犯错误没关系。我会继续努力学习拼写单词。**"

"击退内心的恶霸"工作表

当我＿＿＿＿＿＿＿＿＿＿＿＿时，我感到很**难过**。

当我感到难过的时候，我注意到自己脑海中的话是"＿＿＿＿＿＿。"

我注意到这样对自己说或这样想都不是一件好事。我不会对朋友这么说。通过用下面的话代替，我击退了那个内心恶霸：

"＿＿＿＿＿＿＿＿＿＿＿＿＿＿＿。"

当我＿＿＿＿＿＿＿＿＿＿＿＿时，我感到很**生气**。

当我感到生气的时候，我注意到自己脑海中的话是"＿＿＿＿＿＿。"

我注意到这样对自己说或这样想都不是一件好事。我不会对朋友这么说。通过用下面的话代替，我击退了那个内心恶霸：

"＿＿＿＿＿＿＿＿＿＿＿＿＿＿＿。"

当我＿＿＿＿＿＿＿＿＿＿＿＿时，我感到很**沮丧**。

当我感到沮丧的时候，我注意到自己脑海中的话是"＿＿＿＿＿＿。"

我注意到这样对自己说或这样想都不是一件好事。我不会对朋友这么说。通过用下面的话代替，我击退了那个内心恶霸：

"＿＿＿＿＿＿＿＿＿＿＿＿＿＿＿。"

思维
加工速度前期准备工作表

描述： 前期准备是一种执行功能策略，帮助学生通过考虑有形的和具体的目标来组织他们的思维。当一个人有了目标导向和前瞻性的思维，就更容易专注于任务，专注于正在听或学的内容。就像一本书的索引部分一样，前期准备的工作表可以让学生理解要寻找的主要观点，并且可以帮助学生在课堂上以目标导向的方式学习。

使用这个工作表来计划、复习及组织听课和学习的策略。

在这堂课上，我要听的三个重要观点是：

1.

2.

3.

当老师开始讲＿＿＿＿＿＿时，我会写下三点笔记：

1.

2.

3.

当老师开始讲＿＿＿＿＿＿时，我会写下三个问题：

1.

2.

3.

用这个概念来和学生或儿童一起写出你们的"让我计划如何做"的方法。

思维游戏日

约翰尼的故事： 约翰尼每周都会见他的心理老师。约翰尼喜欢去见她，但有时他们会聊一些让他感到难过的事情——比如他在学校度过了糟糕的一天，对某事反应过度或者遇到了麻烦。约翰尼觉得谈论那些时光并不总是很容易，因为他正感到高兴的时候，知道自己犯了一个错误，他知道他应该怎么做。约翰尼的心理老师科米齐奥太太说："约翰尼，你记得我们是如何见面并用图画表示情绪和反应强度的吗？你还记得我们说过的，你可以把工具放在自己的工具箱里，当你有很强烈的情绪时使用吗？"

约翰尼： "是的，我喜欢装饰我的工具箱，把我的工具画在里面的小卡片上。我最喜欢的工具是提醒我呼吸火山的卡片！"

科米齐奥老师： "我也喜欢那个！你已经学会很好地使用一些工具，并和我一起练习。我们在办公室练习的时候，你会学到很多。就像你为足球比赛训练时，你会从教练那里学到新的技能。足球训练是很有趣的，你在训练的时候不会总有和比赛一样的感觉。在训练和足球比赛中你有什么感觉？"

约翰尼： "嗯，我喜欢训练！在训练时我感到兴奋和快乐，因为我和朋友们在一起，有时我们在训练后会得到教练或父母的款待。我觉得很开心和兴奋，如果跑得太多，还会有点累。在比赛中，我也有这种感觉，但通常我有点紧张，因为我真的想尽我最大的努力赢得比赛！有时候，当我不得分的时候，我也会对自己很生气。"约翰尼皱眉。

科米齐奥老师： "我很理解。有时当我们觉得自己没有尽力的时候，我们会对自己很苛刻。我也知道你的教练知道有时候你会赢，有时候你会输。如果你总是每次都赢，而且总是踢得很好，那么你就不需要训练了！但人类不是这样的，这也不是游戏的目的。人通过练习来学习，犯错或失败是学习过程的重要组成部分。我也有点儿像一个教练——一个情感教练！你和我一起练习使用工具，因为我的办公室不是操场，而是练习场地，我敢打赌你在这里使用工具的感觉和在操场训练的感觉不一样。你能想出你的情感赛场在哪里吗？我的意思是，在真正的比赛中，你会在什么时候使用你的工具？"

约翰尼："你是说在教室里？"

科米齐奥老师："完全正确！在教室里，你学习所有的科目，和其他人一起学习，这个时候比在这里练习更可能出现消极情绪。这是你必须使用工具的赛场。尽管谈论错误——也就是你在课堂上的射门和失球的时候——有点困难，但这些都是非常重要的学习机会，你和我应该在练习时聊聊。"

"游戏日"工作表

举一个你在课堂上很冲动地想做一件你知道不应该做的事情的例子。

_____

_____

写下你是否能够使用工具（射门和得分！）或能否控制自己的情绪：

_____

_____

写一个你可以在赛场上使用策略的方式，如果再出现这种情况，你就有机会射门得分！

_____

_____

活动 17

思维
料斗

描述：当你和儿童一起学习预览、计划、组织和排序技能时，对他们的活动进行分类或标注是很有帮助的。我们经常和儿童谈论需要在学校把家庭作业放进"料斗"里，意思是，他们需要把已经完成的家庭作业放进老师桌子上的"进入"篮子。所以我们做了一个名为"料斗家庭作业计划和复习表"的小活动。儿童觉得很有吸引力，所以他们愿意一起玩。有时我们甚至在讨论中加入一些篮球的比喻。你可以根据来访者在或学生的个人需求随意改变比喻和表格。

你可能希望与儿童一起探索的相关技能：

- 运用过去的知识
- 认知灵活性
- 批判性思维
- 决策
- 组织
- 计划
- 预览
- 优先

- 问题解决
- 项目计划
- 反思
- 任务管理
- 时间分配
- 时间估计
- 时间监控

材料：料斗表格、钢笔或铅笔。

活动主持者与学生一起审阅表格。告诉学生，他们要把作业放入料斗中！

> **料斗**
> 家庭作业计划和复习表

家庭作业完成目标 　　　　　　　　　　　要完成家庭作业的

日期：_____

计划	学科	

作业：_____　　所需材料：_____
_____　　_____
_____　　_____
_____　　_____
_____　　_____
_____　　_____

作业：_____　　所需材料：_____
_____　　_____
_____　　_____
_____　　_____
_____　　_____
_____　　_____
_____　　_____

作业：_____　　所需材料：_____
_____　　_____
_____　　_____
_____　　_____
_____　　_____
_____　　_____
_____　　_____

计划	学科	
		作业：_____ 所需材料：_____ _____ _____ _____ _____ _____ _____ _____ _____ _____ _____ 作业：_____ 所需材料：_____ _____ _____ _____ _____ _____ _____ _____ _____ _____ _____ 作业：_____ 所需材料：_____ _____ _____ _____ _____ _____ _____ _____ _____ _____ _____ 作业：_____ 所需材料：_____ _____ _____ _____ _____ _____ _____ _____ _____ _____ _____

评价

我的表现（我的评价）：_____
自我评分 1~10：_____
家长评分 1~10：_____
老师评分 1~10：_____

● ● ● ● ● ● ● ● ● ● ●

什么有益，什么有效？
_____
_____
_____

造成困难的原因是什么？当我遇到困难的时候，我做了哪些努力？
_____
_____
_____
_____

出了什么问题或疏漏？
_____
_____
_____

未来克服障碍、实现目标的建议：
_____
_____

下次如果我遇到这个挑战 / 问题，那会是：_____
我将计划：
_____
_____
_____
_____

评价

为什么做作业有帮助？
_____

当你能够完成家庭作业时，什么对你有帮助？
_____

是否有工具、人员或提醒来帮助你完成作业？
_____

你完成作业的困难是什么？
_____

有哪些作业比其他作业更难？
_____

你做作业的环境如何？对你是否有益？
_____

你做作业时的状态如何？精力充沛、平静还是匆忙？
_____

料斗向你展示了什么？你用它学到了什么？
_____

你想做哪些改变来获得更好的结果？
_____

你明天的计划是什么？让我们一次尝试一个小的改变，并评估它们的效果。
_____
_____
_____
_____

活动 18

思维
让我想想

描述： 对儿童来说，在做一件事之前，先运用策略去思考这件事是很有帮助的。在思维过程中加入"思考时间"和"行为意图"非常有用。该工作表为儿童提供机会去探索任务的各个部分、完成任务所需的行动计划以及后期调整方法的具体步骤。

你可能希望与儿童一起探索的相关技能：

- 认知灵活性
- 组织
- 计划
- 预览
- 优先
- 问题解决
- 项目计划
- 反思
- 排序
- 继时性加工
- 任务管理
- 时间分配
- 时间估计
- 时间监控

"让我想想" 工作表

在你回答、决定或采取行动之前，先花时间去思考。

要求我做什么? _____

谁要求的? _____

时间范围? _____

是否有截止日期? _____

我要自己做还是和别人一起做? _____

完成任务需要什么?

任务: _____

任务的各个部分	每个任务的时间分配
1. _____	1. _____
2. _____	2. _____
3. _____	3. _____
4. _____	4. _____
5. _____	5. _____

需要哪些材料?	完成各部分任务的确切时间
1. _____	1. _____
2. _____	2. _____
3. _____	3. _____
4. _____	4. _____
5. _____	5. _____

这个任务对我有多大益处?　　　非常有益　不那么有益

这个任务对某个人或其他人有多大益处?　　　非常有益　不那么有益

我的决定是什么? _____

为什么? _____

我如何用语言回答? _____

怎样传递?　　他人转达　通过短信　通过电话　通过电子邮件　其他途径

思维
这对我有什么好处?

描述： 提高认知灵活性通常需要帮助儿童看到另一项任务或活动所带来的好处。学习"这对我有什么好处?"不仅能够帮助学生或来访者表现出认知灵活性，而且能够增强动机。该工作表着眼于帮助儿童学习转换任务，灵活考虑改变活动，帮助探索特定任务的成本和收益。

你可能希望与儿童一起探索的相关技能：

- 认知灵活性
- 抑制
- 组织
- 计划
- 预览
- 优先
- 问题解决
- 项目计划
- 反思
- 排序
- 继时性加工
- 任务管理
- 时间分配

"这对我有什么好处？"工作表

发现切换任务的价值

我现在在做什么？
活动：_____
例子：

在操场上玩　　　　　　看书
玩电脑　　　　　　　　做作业

我喜欢我正在做的事吗？　　　不喜欢　　　喜欢
我正在做的事有趣吗？　　　　无聊　　　　非常有趣

要求我做什么？ _____
谁要求的？ _____
我需要什么时候做？ _____
什么让切换任务更容易？ _____
什么让切换任务更困难？ _____

切换任务对我有什么好处？

1. _____
2. _____
3. _____

我可以对自己说什么，让任务切换更容易？

1. _____
2. _____
3. _____

如果我坚持切换任务，会发生什么？

1. _____
2. _____
3. _____

我什么时候可以再回去做自己喜欢的事？

1. _____
2. _____
3. _____

_____之后我可以_____，直到_____。

我的"让自己更轻松"的行动计划是什么？

_____
_____
_____
_____
_____
_____
_____
_____
_____
_____
_____
_____

思维
下面是什么

描述： 脚手架任务要求理解期望的行为、执行该行为所需的任务以及该行为下面的子任务。检查子任务常常能帮助我们发现有哪些技能不足，让我们能够调整或制订行动计划来教授更好地完成任务所需的技能。

你可能希望与儿童一起探索的相关技能：

- 运用过去的知识
- 认知灵活性
- 认知持久性
- 批判性思维
- 决策
- 计划
- 预览
- 优先
- 问题解决
- 项目计划
- 排序
- 继时性加工
- 任务管理

"下面是什么"工作表

期望的行为：_____

明确的任务

1. _____
2. _____
3. _____
4. _____
5. _____

每项任务相关的执行功能：

1. _____
2. _____
3. _____

哪些技能不足？

1. _____
2. _____
3. _____
4. _____
5. _____

获得所需技能的具体计划是什么？

1. _____
2. _____
3. _____
4. _____
5. _____

所需的支持技能是什么？

1. _____
2. _____
3. _____
4. _____
5. _____

我们如何知道这一特定技能是否提高了？

1. _____
2. _____
3. _____
4. _____
5. _____

活动 21 思维 手电筒技术

描述： 手电筒技术是基于认知科学家 J. P. 达斯（J. P. Das）和神经学家弗雷德里克·佩雷斯-阿尔瓦雷斯（Frederic Perez-Alvarez）以及教育心理学家卡梅·蒂莫尼达-加拉特（Carme Timoneda-Gallart）的研究成果。达斯是《认知过程评估：智力的传递理论》（*Assessment of cognitive Processes: The Pass Theory of Intelligence*）一书的合著者，卡梅是《更好地了解智能行为》（*Better Look at Intelligent Behavior*）一书的作者。

注意力不集中的儿童通常希望能将注意力集中在任务上，但是，当他们的大脑神游到其他事情上后，他们很难重新对特定刺激保持警觉。我们可以教给儿童，在他的头脑中有一个手电筒，从而善意地帮助儿童调整他们的"重新注意引擎"。手电筒可以打开，提醒他们注意特定的刺激；它可以"集中"照亮目标刺激。当儿童能够专注于他们需要做的事情，甚至在他们的思想游离后重新警觉，重新集中注意力，他们就能更好地控制自己的注意力。

你可能希望与儿童一起探索的相关技能：

- 警觉性注意
- 认知灵活性
- 认知持久性
- 集中注意
- 冲动控制
- 计划
- 预览
- 优先
- 持续注意
- 工作记忆

开始游戏：

以一种友好、合作的方式与儿童一对一交谈，告诉他你注意到他在课堂上很难集中注意力。问他是否也注意到了。然后告诉儿童你的办法可能会有帮助。告诉他你曾经有个叫马克斯的学生，他教你想象一把手电筒。马克斯说，当他在课堂上走神的时候，他会自己注意到，并打开一把想象的手电筒，把它指向自己需要集中注意力的地方。

问儿童他认为这个方法是否有用，聊聊你如何通过在课堂上提问和提示来提供帮助。如果儿童同意这些提示，他在课堂上就会感到帮助和支持，而不是羞辱。就是这样，超级简单。用一次亲切的谈话、一则社会叙事故事和一个你们两人共同制订的计划，来帮助他学会如何警觉、集中并保持注意力。

手电筒技术的组成部分：

1. 帮助儿童更好地意识到自己的"注意力引擎"。他关注什么？是什么吸引了他的注意力？他如何知道自己应该专注于什么？他如何知道一个人、一个地方或一件事什么时候是重要的，是需要关注的？
2. 帮助儿童意识到"走神"的过程。什么时候他的注意力转移了？什么时候走神了？走神的时候，他在想什么或注意什么？
3. 帮助儿童"重新警觉"，不再"走神"，而是积极寻找一种相关的刺激并关注。
4. 帮助儿童"重新关注"突出的刺激，通常是一个人、一个话题、一项任务或活动。

教你如何"开始注意"。 第一步是提高儿童的意识水平，让他意识到自己是否走神。我把这比作想象他是一枚准备发射到太空的火箭。他的工作是注意自己的"警觉性引擎"是开着还是关着。他在注意什么？他应该注意什么？

1. 帮助他注意并写下当他的注意转移到"任务外"的时候，他的思想、姿势或行为是如何变化的，以帮助他进行自我纠正。
2. 帮助他制订一个计划，让自己保持"在任务中"。注意到帮助他保持工作状态的东西会给他力量。
3. 帮助他有意地意识到他的"注意力手电筒"指向哪里。
4. 一旦他养成了注意的习惯，就为实施重新警觉策略做好了准备。

教儿童如何"重新警觉"。大脑开始走神,寻找新的刺激来保持警觉。挑战在于,学生现在对一些与主题、任务或课程无关的事物保持警觉。关键是要帮助儿童重新意识到他学习的重点。使用善意的暗示、提问和提示。"萨米,你对(当前的主题)有什么想法?""萨米,你花点时间想想(当前主题的某个方面),几分钟后告诉我你的想法好吗?"

教儿童如何"重新投入"。一旦儿童意识到并重新警觉,专注于相关的任务,他就可以重新投入工作。他的策略是用假想的手电筒照着需要注意的人或任务,然后把他的"注意力能量"指向那个人或任务。

提示儿童注意力不集中

手电筒技术提示问题

1. 教儿童注意到自己走神了。

    问题：你的手电筒在指向哪里？

2. 帮助他提醒大脑注意重要信息。

    问题：你的手电筒应该指向哪里？

3. 帮助儿童按下重新投入按钮。

    问题：你能马上告诉我你对（当前主题）的看法吗？

用尊重的语气要求儿童思考并关注当前的主题，帮助儿童将他的手电筒朝向相关的人、主题或任务。对学生的努力给予支持、尊重和鼓励。

在不同的场合和不同的情况下练习手电筒技术。让学生回来告诉你哪些有效，哪些需要修改。

思维
小组故事

描述： 小组故事活动是一个小组游戏，鼓励学生集中注意力听，控制自己脱口而出的冲动。它鼓励认知灵活性、社交或协作决策，以及将规则和技能应用到任务中。

你可能希望与儿童一起探索的相关技能：

- 警觉性注意
- 运用过去的知识
- 认知灵活性
- 认知持久性
- 创造性思维
- 批判性思维
- 决策
- 情绪调节
- 探索
- 冲动控制
- 计划
- 预览
- 优先
- 问题解决
- 排序
- 继时性加工

材料： 白板和白板笔，或者纸和笔。

可选： 帮助学生构思故事的故事骰子、图片卡和预先写好的句子。

准备： 活动主持者向学生解释活动进行的顺序。让学生围坐成一个圆圈，这样每个小组成员都能看到彼此。主持者说："我会给你们一个故事的第一句话。接下来，我们按顺时针的方向轮流讲故事，所以我左边的人是下一个。轮到你的时候，你可以给这个故事加 1~3 句话。规则是故事必须有一个逻辑——你可以改变它的元素，但是它必须是一个连贯的、统一的故事。小组成员不允许对他人的句子说批评或消极的话。我们必须友好地支持彼此的想法，同时也贡献自己的想法。最后我们会讨论故事的结局。最后一个人要用 1~3 句话作为结尾来结束故事。"主持者可以写下每个学生说的话，或者用录音机来记录。

开始游戏：

介绍故事： 由主持者用三句话构成一个场景。

例如：

1. 约翰尼来到学校，他有点累。
2. 当他坐下来参加晨会时，他注意到他的朋友博比今天和查理坐在一起。
3. 约翰尼为此感到难过。

下一个小组成员说三句话，以此类推，直到故事结束。

回顾： 主持者帮助小组对他们的思维进行思考。

1. 当有人以一种与你想象不同的方式改变了故事的方向时，你会感到困难吗？
2. 故事的结局有趣吗？
3. 小组中有谁和故事中的约翰尼有过一样的感受？
4. 我们认为可能发生的事情可以帮助约翰尼感觉好点吗？
5. 你的故事和小组的故事有什么不同？

想象一下——我很有条理!

描述: "想象一下"是一种旨在预先计划的视觉提醒策略。

你可能希望与儿童一起探索的相关技能:

- 批判性思维
- 决策
- 抑制
- 记忆策略
- 计划
- 预览
- 优先
- 问题解决
- 视觉扫描
- 工作记忆

材料: 照相机、常用的教学材料和打印照片的工具。

准备: "好的,我们将使用一种视觉提醒策略,提醒你每天需要从学校带回家的东西,以便成功记住你需要什么。"

开始游戏:

1. 给学生每天必须带回家的重要材料拍照。例如:拍摄每日计划、课本和铅笔盒的照片。如有需要,将每种物品分别拍照。
2. 把照片打印出来,贴上"必需品"的标签,然后按主题分类。
3. 把照片放在儿童的储物柜、活页夹或其他放学时儿童必须去的地方。
4. 让儿童在一天结束的时候看看照片,确保照片中的所有物品都在他们要背回家的背包里。

回顾:

1. 我们做得如何?
2. 看照片是否比写清单更有帮助?
3. 这种方法能否让你更快地记住所需的材料?

活动 24

思维
彩色数字跳一跳

描述: "彩色数字跳一跳"是一个游戏,在这个游戏中,儿童可以运用视觉扫描和运动技能来决定跳到地板上的哪个位置。为了在游戏中取得成功,儿童必须运用冲动控制来抑制冲动性选择。

你可能希望与儿童一起探索的相关技能:

- 抑制
- 冲动控制
- 计划
- 预览
- 优先
- 问题解决
- 节奏
- 持续注意

材料: 彩纸、胶带、彩笔。

准备: 主持者把不同颜色的纸粘在地板上,形成一个网格,纸的间距要适当,儿童可以从一个点跳到另一个点。

网格应该如下:

蓝色纸 –1	黄色纸 –4	白色纸 –C
白色纸 –B	绿色纸 –3	红色纸 –2
红色纸 –D	蓝色纸 –A	黄色纸 –5

开始游戏: 让儿童按顺序从 1—5 跳,尽量不要漏跳数字,并在不漏跳任何数字的情况下尽可能快地跳。让儿童按顺序从 A—D 跳。让儿童按下面的顺序跳:1、A、2、B、3、C、4、D、5。接下来,让儿童按照数字逆序和字母逆序跳。主持者还可以按照纸张的颜色创建跳跃顺序。每次跳的时候用秒表计时。

回顾：

1. 这个游戏看起来有多难?
2. 计时器是增加了还是减小了难度?
3. 为了成功你必须做什么?
4. 当你不小心跳到错误的地方时，发生了什么——是什么导致了这个错误?
5. 和儿童一起复习"看，停，想，然后再行动"的步骤，鼓励儿童在行动前暂停片刻。

活动 25

思维
停下来想想占卜师

描述：这是一种有趣的方式，可以向儿童展示如何思考各种选择可能的结果或后果。

你可能希望与儿童一起探索的相关技能：

- 警觉性注意
- 认知灵活性
- 认知持久性
- 创造性思维
- 情绪调节
- 探索
- 集中注意

- 冲动控制
- 抑制
- 记忆策略
- 排序
- 持续注意
- 视觉扫描

材料：纸、剪刀、笔、可选贴纸。

指导语：

在小学时期，用折纸来预测你的未来是一种常见的消遣。有时被称为"东南西北"，东南西北折纸玩具非常神奇，可以告诉你谁喜欢你、谁讨厌你、你是否有一天会变得富有，甚至可以回答问题。我们会为了某种目的而做一个东南西北折纸玩具，让它告诉我们，我们所做的选择可能带来的后果，以及冲动的选择通常不会帮助我们达到预期的结果。

1. 将一张纸的左上角斜折到纸张的另一侧，形成一个完美的正方形。把下面多余的部分剪掉，打开折叠的纸，就是一张边长约 20 厘米的正方形纸。
2. 再次沿对角线折叠纸张，但这次将右上角与左下角重叠。把纸打开，回到正方形，此时有两条沿着对角线的折痕。

3. 将正方形的一角折到纸的中心，4个角以同样的方式折叠，最后形成一个有4个褶叶的小正方形。
4. 把纸翻过来，再把每个角折到中心，形成一个更小的有4个褶叶的正方形。
5. 再把纸翻过来，这样4个正方形的褶叶就朝上了。将纸沿着打开的褶叶线对折，形成折痕。因为是对边折叠，而不是对角折叠，所以纸张的折痕形成了一个加号。
6. 拿着"东南西北"，打开来试试。打开的时候，用右手的食指和拇指放在右边的方形褶叶下面。左边也一样。慢慢地把手指合在一起，"东南西北"就会打开。
7. 张开或合上手指，"东南西北"上的褶叶就会打开或关闭，可以用两种方式轮流操纵褶叶。
8. 在上面的正方形褶叶上写四种颜色。选择单词中字母数目不同的颜色，如红色（red；3个字母）、蓝色（blue；4个字母）、绿色（green；5个字母）、橙色（orange；6个字母）。
9. 把"东南西北"翻过来，在三角形的褶叶上用数字写下8种可能的行为选择。每对褶叶使用一个奇数和一个偶数。
10. 翻开三角形的褶叶，在每个1/2三角形下面写下一种命运。制作"东南西北"的人年龄不同，他的命运也就不同。命运应该帮助主持者教给孩子各种行为选择最可能的结果。
11. 给某个人占卜。拿着"东南西北"，让他选一种颜色。按照这种颜色的字母数将"东南西北"打开、合上相应的次数（例如，红色为3个字母，就将"东南西北"打开、合上、打开）。接下来让他选择一个数字，然后根据他的数字打开和合上"东南西北"相应的次数。最后，让他再选一个数字，打开选中的褶叶并宣读得到的命运。

思维
棒球分享与讲述

描述： 棒球分享与讲述是一种回顾社会性-情绪或心理教育课程的好方法。

你可能希望与儿童一起探索的相关技能：

- 运用过去的知识
- 创造性思维
- 批判性思维
- 决策
- 情绪调节
- 探索
- 冲动控制
- 叙事语言
- 问题解决
- 反思

材料： 4把椅子和一个当作"本垒"的物体。

准备： 主持者快速回顾一下小组之前学过的社会性-情绪课程。主持者在与课程相关的索引卡上写下问题，旨在让学生思考、记忆并应用知识，以便正确回答问题。

开始游戏： 将儿童分成两个小组。如果人数为奇数，一名儿童可以做记分员，在板上记分。这名儿童也可以作为两支球队的"替补击球手"，当击球手无法回答问题时可以由替补者代替回答。一队在本垒后面排队。主持者问第一个儿童一个问题，如果他回答正确，就移动到一垒。如果答错了，他必须走到队伍的末尾。比赛继续进行，直到有3人出局。如果一个儿童答对了第一个问题而得了一分，他的队友又答对了3个问题，在板上写出总分，这个儿童坐下。如果一队中所有的儿童都轮了一遍，但淘汰出局者不足3人，那么那些答错第一个问题的儿童就有机会再回答一个问题。当小组中有3人出局时，就轮到另一组上场。

回顾： 每次"击球"之后，主持者要确保填补学生在知识理解上的缺口，或者扩展之前学过的材料。这个游戏是一种回顾和评估学生知识理解的有趣方式。

思维
找到"它"（找到领队）

描述： 找到"它"是一种快速、充满活力的活动，可以帮助儿童变得更加警觉，寻找非言语线索，并关注同伴。这是一项有趣的活动，你可以把它作为一种在思考或学习之前的运动或大脑休息。

你可能希望与儿童一起探索的相关技能：

- 警觉性注意
- 运用过去的知识
- 批判性思维
- 决策
- 情绪调节
- 探索
- 集中注意
- 冲动控制
- 问题解决
- 持续性注意
- 视觉扫描

材料： 舒适的衣服。

准备： 让儿童坐成一圈或站成一圈。轮到谁当"它"时就站在圆圈中间，蒙住眼睛，同时，主持者悄悄地选择一名领队，这个儿童在自己的位置上不动。

开始游戏： 一旦选好领队，"它"就可以睁开眼睛。然后，领队开始游戏，点头，举起双臂，或用手画圈，所有人都跟着他做。警告儿童，当"它"睁开眼睛时，其他人不要直视领队，或指出谁是领队。扮演"它"的儿童慢慢转身，尽力找出谁是领队。当"它"没有看着领队的时候，他要试着改变行动。"它"有3次猜测机会。如果"它"猜错了，领队就变成了新的"它"。如果他猜对了，选另外两名儿童做领队和"它"。

回顾：

1. 我们做得如何？
2. 关于领队是谁，最好的线索是什么？
3. 是什么让它难以被注意到？
4. 怎样做到让其他儿童不直视领队？
5. 哪些冲动更难控制：看领队？通过提供线索来帮助"它"？还是笑？

孩子们表现很棒，我们正在学习在做决定之前先集中注意力和思考！

思维
脚本

描述： 这是一个按照指导进行的创造性游戏，可以帮助学生放松，并在进入学术挑战之前得到一些乐趣。

你可能希望与儿童一起探索的相关技能：

- 警觉性注意
- 批判性思维
- 决策
- 情绪调节
- 探索
- 集中注意
- 冲动控制
- 运动计划
- 运动顺序
- 问题解决
- 预览
- 优先
- 问题解决
- 排序
- 继时性加工
- 持续注意

材料： 将指示按顺序写在纸条上，让每个学生按照指示去做，直到轮到最后一个学生。

准备： 主持者在每张纸条上写一个指令"脚本"，这样每个学生都有一个脚本，引导下一个学生按照他的指令脚本去做。

开始游戏： 主持者给每个儿童一句话。儿童必须密切注意指令。例如，指令可以这样写："用一种开心、温暖的语调说'今天会是很棒的一天！'"下一个学生的纸条上写"当你听到一个学生说，'今天会是很棒的一天'时，你要站起来，把手电筒打开、关闭、打开，然后坐下。"下一名儿童得到的指令是"当你看到灯忽明忽暗的时候，你要站起来，双臂举过头顶，说'摘星星'，然后坐下。"再比如，"当你听到'爱'这个词时，到黑板前把'爱'写5遍，然后坐下。"下一名儿童遵循下一条指令，以此类推。主持者制订指令以及动作和行为，像玩多米诺骨牌一样进行，直到所有学生都完成指令。

回顾：
1. 我们做得如何？
2. 不把纸条上的话告诉别人有多难？
3. 是什么让它变得如此困难？
4. 你是否很难注意到或听到你需要遵循的下一条指令的线索？
5. 你何时感到放松？轮到你之前、之后还是二者皆是？

活动 29

思维
整理策略——思考、制订策略、观察、反应

描述： 临床工作者会使用一种称为 SODA 的探索策略，它有许多不同的应用方式。我们喜欢用 SODA 来帮助儿童学习如何运用认知技能，使行为具有目的性。我们称之为"整理"。在这个活动中，我们会提供各种各样的情境，让儿童决定如何"整理"。一旦儿童学会了这种策略，"整理"就会成为儿童思考、问题解决和决策技能应用的一个线索或关键词。你会经常听到我们对儿童说，"我们来整理一下。"

你可能希望与儿童一起探索的相关技能：

- 注意
- 决策
- 冲动控制
- 叙事语言
- 问题解决
- 继时性加工

材料： 笔、纸。

准备： 告诉你的来访者或学生，你们要玩一个决策游戏，在这个游戏中，儿童要面临这样一种情况：他们必须思考、制订策略、观察并以一种有益的方式做出反应。告诉他们你把这个活动叫作"整理"。我们经常需要理清自己在艰难处境下的想法、感受和行为。"整理"帮助我们思考、计划和有目的地反应。

开始游戏： 主持者让学生想象他们正面临着一个社会决策问题。他们要阅读给出的情境，然后以团体、两人组、家庭或个人为单位，写下如何整理这个问题。他们要写下自己对这一情境的想法，应对这一情境的策略，为了确定解决方法是否正确，他们需要寻找或观察什么，以及他们将如何应对在处理这种情况时所面临的具体困难。

　　将助记符写在黑板上，然后与来访者、学生、家庭或团体一起经历一个场景。下面列了一些可能的情况，你也可以自己写。这个活动有许多变式。你可以让儿童表演这些场景，写出自己的回应方式，甚至练习用一些"错误的方式"来回应，让其他学生来"纠正"。这个活动存在无限可能。我们用纸和笔完成这个活动后，可以继续在公园的户外舞台上，甚至在餐厅里，表演面临的挑战。适应并享受学习。

社会决策挑战举例

学校	友谊	安全	问题解决	集体
你们班上有人取笑你，因为你在拼写考试中犯了很多错。	你的朋友正在和别人玩一个游戏，这是一个两个人玩的游戏。	课间，一些男孩要把你赶出操场。	班上有个女孩取笑你的衣服。	你经常吃午餐的那张桌子坐满了人。
你的朋友们已经完成了他们的工作，但你还没有。他们在玩游戏。	你注意到班上新来的一个女孩课间没人陪她玩。	放学后，你等了很久，妈妈都没来接你。	有个男生在操场上一直追你。你不喜欢这样。	你和一群孩子在等开门，他们互相说话，但没人和你说话。
老师问你一个问题。所有人都举手了，你不知道答案。	你正和一个朋友玩游戏，另一个同学请求加入你们的游戏。	你在荡秋千。轮到你时候，另一个孩子跳到你前面抢占了秋千。	一个孩子在操场上对你大喊："你妨碍了我们的游戏！"	你去参加生日聚会，所有人都似乎忽识了，在一起玩，似乎忽略了你。
你正在说话，老师责备你太吵了。你不知道自己太大声了。	你的朋友在体育课上投篮，每次都投不进。其他孩子大笑着说："他的球技太烂了。"	一个大孩子威胁你，如果你不滚出操场，他就要揍你。	当你排队休息时，你后面的人不停地推你。	你和你最好的朋友打了一架，你们现在不说话。其他朋友不知道是否应该偏袒你们其中一方。

160

思维
我现在能看清楚了

描述： 记得那首老歌，"我现在能看清楚了，雨已经停了。我能看到路上所有的障碍吗？"在这个活动中，我们要用一组图片（雨云和太阳）来做游戏，帮助儿童以一种新的方式看待问题或经历。我们剪出太阳、雨和云的图形，让儿童把它们放在桌子或工作台上，来讲述下面的故事。故事里的语句是激发儿童进行探索的线索。你可以提供一些其他句子，或者让儿童以对他有意义的方式讲述故事。其目的是探索他对问题、人或生活经历的想法、感受、障碍，甚至曲解或"可变的信念"。

你可能希望与儿童一起探索的相关技能：
- 认知灵活性
- 情绪调节
- 探索
- 叙事语言
- 问题解决
- 反思

"我现在能看清楚了"工作表

有一天我遇到了一个问题，这个问题是＿＿＿＿＿＿＿＿＿＿＿＿＿＿＿＿＿＿。
经历了那个问题使我感到＿＿＿＿＿＿＿＿＿＿＿＿＿＿＿＿＿＿。
我想我应该看看那个问题的组成部分，并找出我是否可以用一种新的方式来看待它。

这个＿＿＿＿＿＿＿＿＿＿＿躲在云里，让我感觉＿＿＿＿＿＿＿＿＿＿。
这个躲在雨里＿＿＿＿＿＿＿＿＿＿让我想到＿＿＿＿＿＿＿＿＿＿。
这是我在阳光下发现的，帮助我对＿＿＿＿＿＿以这种方式感受＿＿＿＿＿＿，
以这种方式思考＿＿＿＿＿＿＿＿＿＿＿。
这是**全新的一天**，我学会了可以用一种**新的方式**来看问题。

思维
我的注意力引擎

描述： 让一些执行功能变得"透明"的另一种方法是，用适合儿童年龄的术语告诉他们，每个人都有一个注意力引擎，以帮助他们理解大脑是如何工作的。就像一列美丽多彩的火车，有不同的车厢，分别负责我们注意力的不同部分。在这个活动中，我们把组成"注意力引擎"的不同车厢画出来并涂上颜色，然后在每个车厢上写下各个时刻我们注意力的哪些部分是活跃的，通过这种方式来讨论和分析不同的经历。

为了进一步探索，填写下面的故事或你自己编写故事，与儿童或学生一起探索具体情境，来帮助他更好地意识到自己的注意力引擎，以及它是如何工作的，他想做哪些改善，从而更好地将注意力集中在重要事物上。

"我的注意力引擎"工作表

我的注意力引擎似乎是＿＿＿＿＿＿＿＿＿＿＿＿＿＿＿＿＿＿＿＿＿＿。

我的注意力引擎在＿＿＿＿＿＿＿＿＿＿＿＿＿＿＿＿＿＿＿＿＿＿时启动。

当＿＿＿＿＿＿＿＿＿＿＿＿＿＿＿＿时,我的注意力引擎运行得很好。

当＿＿＿＿＿＿＿＿＿＿＿＿＿＿＿＿时,我的注意力引擎感到非常无聊。

当＿＿＿＿＿＿＿＿＿＿＿＿＿＿＿＿＿＿时,我的注意力引擎在睡觉。

有一天,我的注意力引擎＿＿＿＿＿＿。但我知道我需要＿＿＿＿＿＿＿。＿＿＿＿＿＿时感觉很难,所以我选择＿＿＿＿＿＿＿。当＿＿＿＿＿＿时它确实有用。现在我知道如何＿＿＿＿＿＿＿＿＿＿＿＿＿＿＿＿＿＿。＿＿＿＿＿＿＿＿＿＿＿＿可以让我的注意力引擎很好地工作。

用填空的方式写下你自己的故事,并讨论什么能帮助你的注意力引擎工作得最好。

活动 32

思维
手指思维

描述： 手指思维是一种有形的方式，可以帮助儿童意识到他们在一个特定的时刻处于注意力环路的哪一部分。让儿童举起手，张开手指。告诉他手指可以帮助他意识到，在某个时刻，自己的注意力引擎的哪个部分是活跃的。向儿童演示用食指打开引擎，用中指选择聚焦的位置，用无名指向目标发送聚焦能量。他可以把手放在大腿上、桌子上或其他安静的地方，来提醒自己保持警觉和意识。

现在，当他脱离任务或发现自己"走神"时，可以把手平放在大腿上，用食指轻按大腿来加速引擎；用中指轻按大腿，提醒自己选择一个相关的注意目标；用无名指轻按大腿，提醒自己将注意能量指向目标。这个简单易学的"1-2-3 加速、目标和聚焦"的提醒过程在儿童走神时很有用。这是一种有形的形式，相当于儿童对自己说，"我意识到自己走神了。""我在采取行动重新警觉，重新注意。"

手指思维还可以用于其他提醒，儿童可能也会产生其他一些很棒的想法。

"我可以提醒自己呼吸。""1-2-3 呼吸。"

"我可以提醒自己冷静下来。""1-2-3 冷静。"

"我可以提醒自己用积极的想法来取代消极的想法。""1-2-3 积极。"

"我可以提醒自己计划好行动。""1-2-3 制订一个计划。"

"我可以把引擎加速到……""1-2-3 起床。"

"我可以把能量集中在……""1-2-3 得到能量。"

"我可以把我的能量指向……""1-2-3 要有目标。"等等。

活动 33

思维
我拿着谁的果冻豆?

描述: 在生活中,有些时候我们的感受与他人的感受相关,而与我们自己的想法或经历无关。尤其是当我们依赖另一个人的时候,比如父母或老师,我们可能会体验到他们的需求和心愿的分量,这给我们带来了一些不适。让儿童意识到他们的感受,尤其是担心、愤怒、挫折、恐惧或痛苦,可能是关于别人的,而不是他们自己,这是有帮助的。提供一项活动来帮助儿童区分哪些是关于自己的感受,哪些是关于他人的感受,这对他们大有裨益。在我们的工作中,我们把承载他人的渴望、需求、经历、想法或感受的分量称为"拿着他们的果冻豆"。当你"拿着别人的果冻豆"时,你是在承受他们的感受、想法或担忧。有时这种意识会让儿童放下别人的果冻豆,这样他们就能回到拿着自己的果冻豆的真实状态。

你可能希望与儿童一起探索的相关技能:

- 认知灵活性
- 情绪调节
- 探索
- 叙事语言
- 问题解决
- 反思

"我拿着谁的果冻豆" 工作表

反思我真实的感受

什么事让我烦恼？ _____

我为什么生气？ _____

我现在有什么感受？ _____

还有谁有这种感受？ _____

我的感受是对他人感受的回应吗？ _____

我在回应什么事或什么人？ _____

我是否可能拿着别人的果冻豆？ _____

"检查我的感受" 工作表

我的感受如何：_____
为什么我会有这种感受：_____

这些是我的果冻豆   **这些是别人的果冻豆**

1. _____   1. _____
2. _____   2. _____
3. _____   3. _____
4. _____   4. _____

这些是我拿着的果冻豆   **这些是我需要放下的果冻豆**

1. _____   1. _____
2. _____   2. _____
3. _____   3. _____
4. _____   4. _____

为了把别人的果冻豆放下，我应该想：
_____

为了把别人的果冻豆放下，我应该说：
_____

如果我决定和别人说出来，这是我礼貌地让别人拿着他们自己的果冻豆的方式。
_____

这些是我下次要寻找的信号，有助于我意识到我可能拿着别人的果冻豆。

1. _____   2. _____
3. _____   4. _____

思维
给它系个蝴蝶结

描述： 当儿童学习如何安排活动的顺序时，也就是说，要知道每个活动都有开始、中间和结束，你可以教他们如何探索任务、活动和经历，方法是按照顺序画出或写下他们所做的事情。例如，当我们画画的时候，我们拿起马克笔，画完，然后把马克笔放回去。当我们玩玩具时，我们选择玩具，玩玩具，然后把它放回去。发起活动（如做游戏）有趣且有益。然而，有时完成一项活动会受到干扰，比如其他想法、兴趣或其他人。养成开始后就要完成任务的习惯对学业和行为上的成功都很重要。帮助儿童完成活动的一种有用的方法是，教给他们在完成活动的第三步后"给它系个蝴蝶结"，意思是活动已经完成，他们可以继续下一项活动了。

这张工作表可以帮助儿童安排活动的顺序，并在上面系上蝴蝶结。当儿童重复做几次之后，"给它系个蝴蝶结"这句话就意味着"我们来完成这项活动的最后一部分，然后就可以继续下一项活动了"。"让我们在上面系个蝴蝶结"，这句话就是告诉儿童，活动的最后一部分还在等待他们完成。

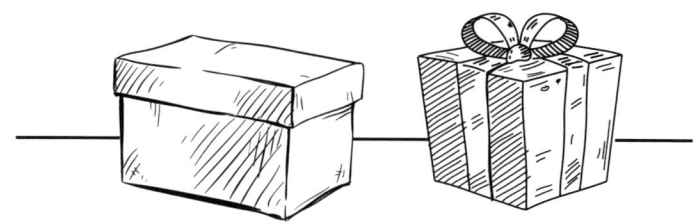

我的活动或任务是：_____
行动的第一部分是：_____
行动的第二部分是：_____
行动的最后一部分是：_____
当任务、行动或活动完成时，我会在它上面系个蝴蝶结。

虽然我们所做的每件事都可以分解为我们所采取的第一个、第二个和第三个行动，但请记住，一些更大的任务可能需要更多的三部分行动的序列。有一些时候，在给诸如打扫卫生、做作业，甚至"如何做一个三明治"等活动排序时，我们可以在地板上、桌上或标记板上画一系列的 3 个方格，来帮助儿童了解，在为一项任务搭建脚手架时，通常需要多少行动序列。排序是最重要的执行功能之一，当儿童学会如何对行动的各个部分进行排序时，他们的组织、规划、沟通和任务完成等能力也会变得更好。

活动 35

思维
我会给它 10

描述：正如温迪·杨所说，在生活中，我们会体验到很多次"强烈的情绪"。我们如何处理和管理这些情绪，会影响我们如何学习、行动以及与他人相处。拥有一个有效的认知策略来应对强烈的情绪会让一切变得不同。在本部分，我们将给儿童解释感受是生活中的重要部分。当我们体验到某种情绪时，我们可以充分地感受，但是我们需要能够代谢这些感受，这样才能顺利度过这段时期，而不被困住。允许自己去感受，然后经历一种情绪，你会因此成为一个坚强的人。我们想感受自己的情绪，但我们不想成为情绪的俘虏。

在"我会给它 10"这一活动中，我们会学习如何识别自己什么时候体验到强烈的情绪，对情绪进行命名，然后告诉自己准备让这种强烈的情绪持续多久。我们通常选择用 10 秒、10 分钟或 10 小时来"感受我们的情绪"。当然，这个"10 法则"是一个认知概念，它可以是 2 分钟或 27 分钟。但是儿童会使用"10"，所以这是一个很好的起点来帮助儿童确定：

1. "这种情绪有**多强烈**？"
2. "我会让这种情绪左右我的想法和行为**多久**？"

我们来研究几个例子，思考一下这一策略如何适合你所面对的儿童。

a. 如果你在排队买冰激凌甜筒，当轮到你的时候，你发现香草冰激凌卖完了，你可以对自己说："真是超级郁闷。我太想吃香草甜筒了。我给它 10 秒钟，然后要一个巧克力甜筒。"

b. 如果你穿好衣服准备和妈妈一起去冲浪，然后得知她计划去动物园玩一天，你可以对自己说："我更想去冲浪。我会失望 10 分钟，然后想想我想在动物园看到哪些动物。"

c. 如果你因为爸爸不让你和最好的朋友去度假而生他的气，你可以对自己说："我太难过了！我有权感受自己的情绪，我要沉浸其中一段时间。我会给它 10 小时，然后就不再想它。"

第五章

自我调节平静与警觉的活动

到目前为止,我们分享了主要与认知相关的观点,我们怎么想、如何转变自己的想法,以及如何才能培养具有更好思维和社交互动技能的高功能儿童,但关于自我调节还有很多要介绍的内容。虽然我们的许多工作都集中在提高儿童的认知能力上,但自我调节在很多方面都是先于认知的。如果我们的情绪状态不平静、不协调、不平衡,我们的认知能力就会受损。因此,接下来这部分的活动可以用来让头脑和身体保持平静或警觉。正如我们之前说过的,一项活动是平静还是警觉的,在很大程度上因人而异。其中一些活动可能会让某些儿童平静下来,也可以让一些儿童警觉。一些活动旨在帮助儿童"释放能量",另一些活动则是为了"让他们平静下来",还有一些是为音乐、运动或情绪探索而设计的。

自我调节
情绪捉迷藏

描述： 情绪捉迷藏是一款集寻宝和捉迷藏于一体的游戏。活动的目标是控制偷看的冲动，用自我调节来遵守规则并识别和描述一种情绪。

你可能希望与儿童一起探索的相关技能：

- 警觉性注意
- 认知灵活性
- 认知持久性
- 创造性思维
- 批判性思维
- 决策
- 情绪调节
- 探索
- 叙事语言
- 视觉扫描
- 工作记忆

材料： 索引卡、磁带、笔。

准备： 主持者说："我们要玩一个游戏，它介于寻宝和捉迷藏之间。在玩的过程中，我们将学会认识自己的冲动，并运用自我控制来遵守规则。"

让儿童在索引卡上写下一个描述困难的或不开心的感受或情绪的词。儿童应该说出自己选择的词，避免重复，主持者也可以添加一些情绪。在开始写之前，小组成员可以用头脑风暴一起列出一份词语清单。

开始游戏： 当每个儿童都在卡片上写下一个情绪词后，主持者说："情绪没有好坏之分——它只是人类的本性。但是，因为当我们有情绪时会感觉好或坏，所以，我们如何对待这些情绪才是重要的。这个游戏的规则如下：你们每个人轮流拿一张情绪卡片，把它用胶带粘在房间的某个地方藏起来。不能把卡片藏在任何东西里面或下面。它应该是一个很难被注意到，却很显眼的地方。当隐藏者把卡片贴在某个地方的时候，其他人要闭上眼睛并用手遮住眼睛。你可能会注意到自己有强烈的冲动去偷看。我想让你注意的是，如果你真的有偷看的冲动，要告诉自己你不会偷看——想一个有用的策略，比如在心里数数、深呼吸，或者想一些美好的事情。如果我看到谁偷看，他将被取消本轮游戏资格。"

"等隐藏者回来坐下，我会说'准备好了'，你们就可以睁开眼睛了。当我说'好了，去找吧'的时候，你们就可以在房间里四处找卡片了。你可能会有一种想跑的冲动，但我想让你再次运用自我控制来放慢速度走。如果我注意到谁在跑，他就必须回来坐下1分钟，或者直到其他人找到那张卡。找到卡片的人要大声地读出卡片上的词，并分享某人有这种情绪的时刻，或者自己有这种情绪的时刻。然后，我们会一起进行头脑风暴，看看我们能做些什么来摆脱这种感觉，让自己感觉更好。找到卡片的人要在卡片背面以笔记的形式写下我们所有的想法。如果你在第一轮中找到不止一张卡片，你必须选一个还没找到过卡片的人来读。"

回顾：

1. 你有过这种情绪吗？是什么帮助你摆脱这种情绪的?
2. 从1到10打分，这种感受有多困难？你描述的情况有多难？
3. 如果一个人有这种感受，他能做些什么来应对呢？

当儿童找到所有的情绪卡片，并在卡片背面写下可能的应对策略后，用打孔器在卡片上穿一个环。现在你们拥有了一套应对困难情绪的策略，孩子们很喜欢这个集体游戏。

活动 2

自我调节
定格舞

描述： 这是一个运动游戏，可以帮助儿童在进行记忆的同时思考身体控制和瞬间抑制。

在定格舞活动中，当主持者拿起一幅简笔画，画中人物处于某种特定的身体位置或姿势时，儿童要随着音乐跳舞。主持者可根据儿童的年龄将照片举起 15~90 秒。要求儿童观察图片，同时以自己的方式跳舞和移动。当音乐停止时，儿童要做出图片中人物的姿势。当音乐停止时，儿童必须停止跳舞或移动来锻炼自控能力，并遵循指示。儿童还必须使用记忆能力来记住简笔画中人物的姿势，并在音乐停止时模仿这个动作。

自我调节
拜日式

描述： 拜日式是 3 个瑜伽动作组成的动作序列，要按照特定的顺序连续做 3 次，以达到平静。根据动作的速度，完成拜日式需要 6~10 分钟。我们用这些方法帮助学生在考试前冷静下来；当儿童感到匆忙、冲动或压力过大时，也可以使用这种方法。

你可能希望与儿童一起探索的相关技能：

- 平衡
- 认知灵活性
- 协调
- 情绪调节
- 集中注意
- 冲动控制
- 抑制
- 运动管理
- 运动计划
- 运动顺序
- 持续注意

材料： 舒适的衣服。

准备： 告诉儿童，有时候，如果我们的大脑或身体运转得太快，我们可以站在原地做一些简单的运动来放慢速度，这些运动既有趣又放松。"你做过拜日式吗？我们来试试。"

开始游戏： "我们要按顺序做 3 个瑜伽动作，这 3 个动作可以让我们感到放松。这样做几次之后，你们可以自己编动作。然后你们就可以当老师了。"

"我们将连续做 3 次动态瑜伽伸展。第三次会超级平静，因为在这一过程中，身体和大脑一起努力让思维放空，在运动中放松。"

1. "开始时双脚与肩同宽。在本书中，我们称之为准备位置。站立，双手放在身体两侧，头部与脊柱直立，你会感到放松。"
2. "现在把手臂从身体两侧举起，像太阳一样，一直举过头顶。看，你刚刚造了一个太阳。举起双臂时，深深地吸气，然后呼气。"

3. "现在我们弯下腰来，双手放在地板上；我们要做下犬式。如果稍微弯曲膝盖会让你感觉更舒服，你就可以这么做。继续深深地吸气，然后呼气。在本书中，我们称之为深呼吸。"
4. "现在我们弯着腰，双手向前走，同时把肩膀压向膝盖。看，现在是下犬式！做得很好。"
5. "现在我们要让膝盖着地，这样我们就可以像猫一样拱背，然后像牛一样把后背压平。拱背然后压平，做3次。深呼吸的时候，感觉你的身体在放松。"
6. "很好，现在我们把脚趾向下卷，这样就可以回到下犬式，把肩膀压向膝盖，感受一个深度伸展。"
7. "最后，我们退回到脚跟，让身体垂下来，然后非常缓慢地把脊柱卷起来，变成站立姿势。"
8. "现在我们站立，再次从美丽的拜日式伸展开始，深呼吸，将整个动作重复一次。准备好了吗？好的，开始。"
9. "拜日式到下犬式，3次猫牛式，向后回到下犬式，最后以拜日式结束。"
10. "你们是想自己喊口令，还是让我来喊？"

回顾：
1. 感觉如何？
2. 你觉得我们的拜日式系列怎么样？
3. 你最喜欢哪一部分？
4. 哪个动作感觉更困难？
5. 你喜欢做3次吗？你还想再来一次吗？
6. 当你觉得自己需要慢下来或者平静下来的时候，你会如何利用这个动作序列来帮助自己呢？
7. 你想自己编一个序列吗？
8. 我们可以一起做几次拜日式，然后你就可以自己做了。

自我调节
登山者发射

描述： 进行一项大约需要一分钟的警觉活动，帮助来访者或学生提高体内的氧气水平，从而变得更加警觉，这是很有帮助的。"登山者发射"这一活动速度很快，会让儿童振奋甚至大笑。它最适用于那些能够保持平静，不会过度兴奋和冲动的儿童。为活动创建相应的概念；确切地告诉儿童你在提醒他们做什么，并清楚地告诉他们完成后要立即做什么动作。

你可能希望与儿童一起探索的相关技能：

- 平衡
- 认知持久性
- 协调
- 情绪调节
- 集中注意
- 冲动控制
- 运动管理
- 运动计划
- 运动顺序

材料： 舒适的衣服。

准备： "好吧，看来你们都需要一点儿活力。我们来做一分钟的登山者发射练习。记住，你就像海豹突击队一样——集中注意力，控制好你的身体。面前有严峻的任务等着我们，我们需要让自己的身体'全神贯注'。"

开始游戏： "不管这是你第一次还是第100次做这个活动，登山者发射都能让你的身体更棒，头脑更专注。我们会让你们先看一遍，确保你们知道应该怎么做，然后你们要在一分钟内尽可能地多做。"（如果有学生以前做过很多次这样的练习，让他来带领大家做，孩子们喜欢轮流当老师。）

1. "准备姿势站好。站立，双手放在身体两侧，头部与脊柱直立，你会感到放松。"

2. "然后是 3 个快速动作，弯腰，双手放在地板上，双手与肩同宽，双脚离手很近，双脚向后跳，保持俯卧撑的姿势，肘部弯曲。弯腰时喊'一'，双脚向后跳时喊'二'，肘部弯曲时喊'三'。现在，你已经准备好每条腿做 3 次登山步了。"

3. "将右膝向胸部靠拢，脚放在地板上。跳起来，在空中换脚，左脚进右脚退。每条腿这样做 3 次，然后跳起来回到站立姿势。"

4. "这是'一'！哇！我们真的准备好了吗？好吧，我说开始的时候，你要在 60 秒内尽可能多地重复登山动作。当我说'注意'的时候，你要跳起来回到准备姿势并集中注意力，注视前方，双臂伸直，紧紧地贴在身体两侧。"

5. "预备，开始！"

回顾：

1. 我们做得如何？
2. 你能控制自己的身体吗？
3. 活动的哪一部分比较容易？
4. 你是否觉得自己更警觉，能够更好地学习了？
5. 你知道我们/你下次可以做哪些改变来打乱动作吗？

自我调节
五声音阶钢琴

描述： 五声音阶是以每八度五个音符为基础，而不是以常见的每八度七个音符为基础。五声音阶比较简单，常出现在民间音乐和儿童音乐中。五声音阶是一种非常棒的儿童入门级音乐，因为它欢快且易于掌握。

网上有一个博比·麦克费林（Bobby Mcferrin）的很棒的五声音阶视频。只需用搜索"博比·麦克费林的五声音阶（Bobby McFerrin Power of the Pentatonic Scale）"即可观看。这个视频会让你开怀大笑。我们的版本超级简单，适合儿童。当儿童在团体活动或课堂上分心或感到无聊时，我们可以用这种方式来使他们警觉，这是孩子们最喜欢的活动。

你可能希望与儿童一起探索的相关技能：

- 警觉性注意
- 运用过去的知识
- 平衡
- 认知灵活性
- 认知持久性
- 协调
- 决策
- 情绪调节
- 探索
- 集中注意
- 冲动控制
- 抑制
- 运动管理
- 运动计划
- 运动顺序
- 视觉扫描
- 工作记忆

材料： 舒适的衣服、蓝色胶带、运动鞋。

准备： 用蓝色胶带贴一条约 2.5 米长的直线。现在，每隔 0.3 米垂直于这条直线贴一条蓝色胶带，这样就做成一条由 9 条线段组成的线。每一段实际上都是一个音符。

很酷，对吧？你可以自己制作这架"五声音阶钢琴"，也可以让儿童参与制作，这是一个很好的计划、解决问题和决策的活动。

C 音阶的音符,从左到右为 C、D、E、G、A。现在你已经做好了"五声音阶钢琴"，跳到 C 上,发出中央 C 音。如果你不知道"中央 C"的发音是什么样的,可以在线收听,在网站上很容易找到视频。

C……现在跳到 D 上。D……好了，很好，现在你已经准备好做游戏了。

"你们有多少人弹钢琴？你们用整个身体弹过钢琴吗？我们现在就要这么做。"

开始游戏： 以下是我们要用到的词语。因为在这个活动中有很多动作，会用到你对步调、词汇和节奏的判断。我们很喜欢这个活动。玩得开心！

1. 在中央 C 正前方站立。现在你可以前后跳，一次演奏一个音符。
2. 向前跳到中央 C 上，然后立即后退。
3. 你刚才用自己的身体演奏了一个音符，这个音符是中央 C。
4. 现在跳到 D 上，然后立即后退。
5. 你刚刚演奏了 D。
6. 现在打开一些音乐，跟着音乐跳。
7. 当你掌握了窍门后，就可以自己编曲子，或者跟着自己最喜欢的歌曲跳。跟着哼唱，或者让你的朋友在你跳的时候哼唱，就像博比·麦克费林那样。
8. 看，你是个音乐家，你以前甚至都不知道。还可以跳更多的音乐，所以要穿运动鞋。

回顾：

1. 对于单个音符，你注意到了什么？
2. 你最喜欢哪个音符？
3. 什么最有趣？跳跃，听你的朋友在你跳的时候哼唱，还是你自己写曲子？
4. 现在，你可以在网上听一些简单的歌曲，播放所有你最喜欢的老歌，继续游戏。只要你准备好了，随时都可以听流行歌曲。

自我调节
变成一棵树

描述： 有时你会遇到一些没有体验过内心平静的儿童。他们通常很狂热，精力充沛。对这些儿童说"坐下；别动；停止运动"并不容易。我们需要从运动开始，让他们改变运动的速度、节奏和强度，这样他们才能以一种新的方式体验平静。

你可能希望与儿童一起探索的相关技能：

- 警觉性注意
- 平衡
- 协调
- 创造性思维
- 情绪调节
- 探索
- 集中注意
- 冲动控制
- 抑制
- 运动管理
- 运动计划
- 运动顺序
- 反思

材料： 舒适的衣服。

准备： 告诉儿童："准备姿势，舒服地站着，脚趾向前，收腹，肩膀平静地放松。"

开始游戏： "我们站起来，双脚向前，收腹，膝盖在脚的上方，臀部在膝盖的上方，肩膀前后环绕。现在站直，身体呈一条直线。这有助于你的身体自然运动。"

"我们来种下树根。现在你可以放心地动了，因为你知道自己已经牢牢地扎根在这片土地上。感受你的树从根部开始移动，前后摇摆。你可以弯曲膝盖或移动臀部。每个人都是不同种类的树。你只需要做你自己。"

"现在，风开始轻轻地吹，只让树叶轻轻摇动。我们举起胳膊，像树枝上荡漾的叶子，感觉到微风在慢慢地吹动着我们的手臂，使树叶在微风中飘荡。"

"哦，风变大了，开始刮风了。我们的树枝在动，我们的根基扎根于大地。它坚固、安全而可靠。但是我们的树枝在动，开始疯狂地动，树叶随着风声在歌唱。我们是一支树乐队。当风怒吼时，我们颤抖，摇晃。让我们的能量随风而逝的感觉真好。我们随着风移动，我们的身体前后移动，而我们的脚却牢牢地扎根在土地上。"

"哦，现在风慢慢地平静下来，我们的叶子也要休息了。我们的树枝，就像我们的手臂一样，慢慢地垂到身体两侧。我们的身体正在变得平静。风是平静的。我们的树枝开始休息，叶子又重新平静地躺在树枝上。我们呼出一口气，为自己平静下来而感到高兴。我们摇晃的树干现在正在休息。保持不动。我们与周围的环境和平相处。我们现在是一棵安静的树，安静而放松。"

回顾：
1. 把你的根牢牢地埋在土地里是什么感觉？
2. 你是哪种树？
3. 你怎么想象你的叶子？
4. 当风吹过树枝，吹皱你的叶子时，是什么感觉？
5. 你的树干感觉如何？
6. 你体验到了哪种能量？
7. 你有没有想过，你的树会被拔出来，还是会一直坚定地长在土地里？
8. 当你回到休息姿势时，你体验到怎样的能量？
9. 感觉如何？

做得好！

自我调节
中央 C O–H–M

描述： 我们称这一活动为"中央 C O-H-M"。O-H-M 类似在瑜伽中的欧姆唱诵。这一活动是我和大脑音乐家纳乔·阿里马尼（Nacho Arimany）交流的结果。纳乔是一个多乐器演奏家，他有一种非常棒的方法，称为**基本的声音和节奏**，将我们生活中的自然节奏最强化，以达到更好的平衡与和谐。纳乔也是 inTime 的作曲家，inTime 是一个源自先进大脑技术的神奇的听力节目。有一天，纳乔向我展示了唱"OHM"与唱"AAA"时共振感的不同。

几年前，在我女儿 6 个月大的时候，我注意到她肚子疼，我把她放在我的腿上，拍拍她的背。她发出深沉的共振音，听起来很像 OHM。我能感觉到她的声音在我腿上振动。我很清楚，这对她来说是非常好的安慰，但我不知道背后的原因。

当纳乔向我展示"OHM"和"AAA"之间的区别时，**我注意到二者的感觉非常不同**，"OHM"是一种低沉的共振音，而"AAA"几乎是一种高音域的声音。我突然领悟，儿童可能喜欢体验不同的声音，所以我们把它做成了一个游戏。儿童真的很喜欢体验不同的感受，实际上是感觉，发"AAA"和"OHM"之间身体上的感觉差异。

开始游戏：

在这个活动中，我们和儿童**坐成一圈**，或坐在椅子上，或交错坐在地上，对他们说："我们来唱中央 C OHM。我会发出一些声音，然后你们可以模仿这些声音，最后你们发出这些声音，我来模仿。"

我们从中央 C 发音开始。如果你的手机上装有软件，可以用软件播放中央 C 调，或者用钢琴演奏中央 C 调。这就是中央 C 调，它听起来像 Laaaaaaaaaaaa。

"现在每个人都发一个中央 C 调，我们一起来做。准备好了吗？3，2，1。Laaaaaaaaaaa。太棒了！每个人都做得很棒！我们已经唱过了中央 C 调，现在我们给它加上一个不同的辅音。我们要唱的是'Aaaaaaaaaaaa'。好，你们要发的是一个轻柔的 A——Aaaaaaaaaaaa。好，大家一起唱。准备好了吗？Aaaaaaaaaaaaa。"你甚至可以让孩子们伸出手，就好像他们在向宇宙发出声音一样，Aaaaaaaaaaaa。然后你握紧拳头，纳乔说要用这种方式来结尾，所有人都停下。

现在你可以唱一些变奏。你可以使用短音符、长音符，可以用手指来数数。Aaaaaaaaaaaa，二，三，四。或者只用手指，Aaaaaaaaaaa。然后再次握紧拳头，这是纳乔表示"音符结束"的手势。

接下来，你介绍 OHMmmmm 这个音。这是一个更共振的声音，它来自胸腔深处。你们都可以体验到 OHMmmmm 的不同感觉，然后你甚至可以把它降低一个八度，OHMmmmm。

在这个活动中，你将帮助儿童体验被称为符头音符的 Aaaaaaaaaaaaaa 与共振音 OHMmmmm 之间的区别。你可以使用钢琴软件或者上网来寻找灵感。

这就是中央 C OHM。你可以用它做很多事情。你可以用它组建一个管弦乐队。**让儿童站起来，将他们分成不同的声部**。让他们面对面站立，交替发声。你也可以用四分音符、二分音符或全音符。Aaaaaaaaaaaaaa, OHMmmmm, OHMmmmm, Aaaaaaaaaaaaaa, OHMmmmm, OHMmmmm。用这两个简单的声音，你可以演奏中央 C OHM，儿童会有自己的音乐体验。

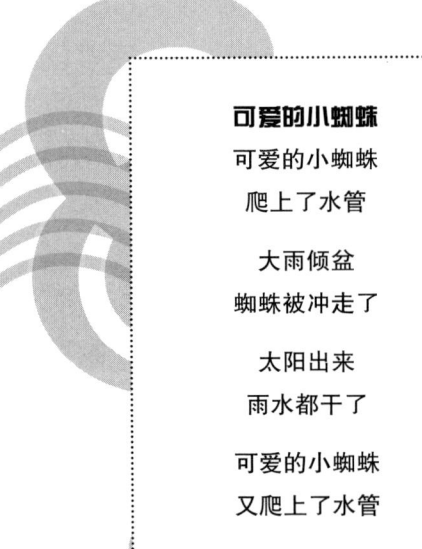

可爱的小蜘蛛

可爱的小蜘蛛
爬上了水管

大雨倾盆
蜘蛛被冲走了

太阳出来
雨水都干了

可爱的小蜘蛛
又爬上了水管

自我调节
家庭乐队

描述： 家庭乐队这一活动是课堂、家庭或团队消除隔阂的绝佳方式，可以让所有人组成一个乐队。这不是一件很难的事，而且非常有趣。**以下是指导语和活动流程。**

开始游戏：

"今天我们要看看你们每个人都有多喜欢音乐。来吧，我们把房间分成四个部分。坐在右前方的各位将成为我们音乐的脉搏。你们要做的就是站起来，原地踏步。一，二，三，四。一，二，三，四。你们能站起来试一下吗？只要站起来，踏出漂亮、强劲、连贯的节拍。好极了！好了，你们可以坐下了。"

"现在轮到右后方的小组了。你们都站起来，你们要当 la la。你们要唱，la la；la la；la la；la la。你们能站起来试试吗？你们能做好的。这是一个非常简单的音，就是 la la；la la；la la；la la。好了。太棒了！你们可以坐下了。"

"现在，左后方的小组。你们要站起来，当 li li。所以你们要唱 li li；li li；li li；li li。好极了！好了，现在你们都可以坐下了。"

"左前方的小组。你们要唱 chica boom, chica boom, chica boom, chica boom, chica boom, chica boom, chica boom, chica boom。你们要唱得非常快，差不多八分音符。Chica boom, chica boom, chica boom, chica boom。"

"现在大家都站起来。我们从右前方小组开始。他们会让我们心跳加速。踏步，踏步，踏步，踏步；1-2-3-4。非常好，非常有力。继续，贯穿整首歌。"

"现在是右后方小组，准备好了吗？La la, la la, la la, la la。很好。现在我们要加上 li li。Li li, li li, li li, li li。这样呢？La la, li li, la la, li li, la la, li li, la la。你们能做到吗？你们会唱 la la 和 li li 吗？来吧，La la, li li, la la, li li, la la, li li, la la。完美！继续，贯穿整首歌。"

"好，加上左前方小组。Chica boom, chica boom, chica boom, chica boom。很好。现在你们一起合奏所有这些声音。"

现在，主持者，我们要跟着这首乐曲来唱歌，任何一首歌都可以。

- 《生日快乐》
- 《玛丽有一只小羊羔》
- 《公交车上的轮子》
- 《可爱的小蜘蛛》

你把房间分成四个部分，给每个部分安排一个声音或一个动作。把它们整合在一起，就可以完美匹配。然后你们可以配合声音或活动唱一首快歌。可以是一首4/4拍的歌，比如《鲁道夫》(Rudolph)《红鼻子驯鹿》(The Red-Nosed Reindeer)。很好听，且充满活力。这些童谣会逗得大家咯咯直笑。

这就是让所有人组成一个家庭乐队的方法。最后你要做的就是让所有人都加快速度，然后他们就会笑个不停。家庭乐队是一种可以练习节奏、创造凝聚力和消除隔阂的很好的音乐活动。

活动 9

自我调节
和我一起走

描述: "和我一起走"是年幼儿童感到紧张、焦虑、担心或生气时使用的一种活动。他们可能不愿意进入治疗室或离开教室。他们可能不想参与活动,所以你要让它变得有趣。你所要做的就是向他们伸出手说:"和我一起走。"

当你走路的时候,你和他们的步伐相匹配,并在第四拍的时候增加一点节奏,你可以拍手。也就是这样:走,2,3,拍手。他们看着你的样子很奇怪,你笑着问他们是否想加入。然后你问他们是否希望成为领队。他们可以加入任何东西,从动物的声音到简单的动作。对于和儿童一起玩的人来说,你很容易想象这项活动对融洽和参与有多大的帮助。

这是一项很好的活动,可以让防御性大脑活动起来,让可能感到紧张、悲伤、不开心或愤怒的学生以一种相互联系和协作的方式与你合作。你甚至可以为行走活动添加声音。

一种有趣的变式是在你的模式中加入大动作运动。你可以像狮子一样走四步,然后像长颈鹿一样走两步。最重要的是,你可以调皮地让来访者或学生参与到这个轻松愉快的活动中。

自我调节
肩膀发射

描述: 肩膀发射是一种快速的提神活动,可以帮助儿童变得更加警觉。这是一项有趣的活动,可以经常在思考或学习之前来做。当小组或班级掌握这一活动之后,儿童就可以交替当领队,他们会非常喜欢的。

你可能希望与儿童一起探索的相关技能:

- 警觉性注意
- 协调
- 冲动控制
- 运动管理
- 运动计划
- 运动顺序
- 节奏

材料: 舒适的衣服。

准备: "好了,该注意了,这意味着要保持警觉,准备好学习。我们做好准备姿势,准备发射。"

开始游戏:

1. "就像我们的许多活动一样,我们会做三组动作,每组三个动作;你们都已经熟悉这个了,对吧!对于肩膀发射,我们从双手垂在身体两侧开始,抬起或耸肩,然后再垂下,重复三次。好,我们试试,1-2-3。很好!"
2. "现在进行第二步,把双手像火箭一样直射向头顶上方的天空。准备好了吗?上,下,上,下,上,下。非常好!"
3. "第三步,蹲下触摸地面,然后直着向上跳起,双手伸向天空。现在我们是火箭,正在发射。太棒了!我们开始吧,蹲下然后跳起,共三次。准备,开始!"

4. "现在，我们能把动作连起来吗？首先，我们耸肩三次，然后双手举起伸向天空三次，然后我们蹲下，像火箭一样跳起三次。关键是我们要像一个训练有素的团队一样一起做，所以我们需要记住节奏，1-2-3。"
5. "好了，我们开始吧！"

回顾：

1. 我们做得如何？
2. 作为一个集体待在一起是容易的还是困难的？
3. 你是怎么和其他儿童待在一起的？
4. 你看别人了吗？
5. 你需要放慢速度还是加快速度？

孩子们做得很好，我们每一次都在变得更好。

活动 11

自我调节
就座

描述： 研究表明，仅仅站立 10 秒就能增加大脑的血液流量，改善氧气供应，从而提高认知警觉性。当我们从坐姿到站起来，利用腿上的大肌肉为身体提供更多的氧气时，可以让我们的身体和大脑处于一种更好的注意状态。整个过程只需要 30 秒，到最后你可能会微笑。

你可能希望与儿童一起探索的相关技能：

- 平衡
- 协调
- 冲动控制
- 运动管理
- 运动计划
- 运动顺序
- 节奏

材料： 舒适的衣服。

准备： 准备姿势站立，双脚分开，与肩同宽，面向前方。

开始游戏： "现在我们把双手向前伸直假装坐下。弯曲膝盖蹲下，直到大腿与地面平行。坐下的时候吸气，站起来回到准备姿势的时候呼气。快速地假装坐下，连续 15 次。注意保持呼吸，因为这很累。每次站起来的时候都要微笑，这样当你用腿部肌肉上下运动的时候，就能保持精力充沛。"

回顾：

1. 我们做得如何？
2. 你需要一分钟喘口气吗？
3. 如果我们每天都这样做一次，你认为我们的腿会变得更强壮吗？

4. 你每次坐下时是否都把胳膊向前伸了?
5. 胳膊的动作是否让你更容易保持平衡?
6. 这项活动是简单的还是困难的?
7. 你会对这项活动做哪些改变或添加什么来保持它的趣味性?

做得很棒!
我们每天都在变得更强壮。

活动 12

自我调节
弓步跳

描述： 弓步跳是一种需要思考、计划和协调动作的警觉活动。当你把这项活动融入一天的运动休息中时，会很高兴地看到儿童因此变得更好。

你可能希望与儿童一起探索的相关技能：

- 平衡
- 协调
- 冲动控制
- 运动管理
- 运动计划
- 运动顺序
- 节奏

材料： 舒适的衣服。

准备： "在空中跳起来然后跨步是很有趣的。在做这个活动时，我们会感觉像运动员在为奥运会热身。我们来做好准备姿势，因为我们要高飞了！"

开始游戏： "弓步跳是我们在同一时间尝试做的一种活动。其部分乐趣是试着和同学们一起跳。如果我们一起同时跳，就可以同步。所以这意味着我们中的一些人将不得不跳得更高或更低，以便我们所有人刚好同步。在做弓步跳的时候，你要注意周围的朋友，这样我们才能努力做到集体移动，就像一群鸟一样一起同时跳。"

1. "现在我们都以准备姿势立正站好，但是这次要双脚并拢。"
2. "双臂放在身体两侧。"
3. "现在，当我喊'3'的时候，所有人垂直向上跳，落地时做弓步动作，右腿向后，左腿在前并膝盖弯曲。"
4. "然后我们从这个姿势跳起来，并把左腿放在后面，右腿在前且膝盖弯曲。

我们要做 10 次弓步跳，然后跳回准备姿势。"

5. "我们要精力充沛，尽量做到同时跳。为了帮助我们保持节奏，我们可以一起大声喊出弓步跳的次数。"

回顾：
1. 我们做得如何？
2. 我们是否做到了同步？
3. 弓步跳是否唤醒了你？
4. 这项活动有什么困难？
5. 下次你想对这项活动做哪些改变？

活动 13

自我调节
四个角落

描述： 这是一个以运动为基础的游戏，让学生有机会活动、伸展，并将注意力从学习中转移，在精神上得到休息。在玩一种"等等看"的游戏时，他们也有机会反思自己是感到精力充沛还是紧张。

你可能希望与儿童一起探索的相关技能：

- 平衡
- 协调
- 冲动控制
- 运动管理
- 运动计划
- 运动顺序
- 节奏

准备： 告诉儿童你们要玩一个游戏，鼓励他们思考如何"停止"和如何"前进"。

开始游戏： 给房间的四个角落分别标上 1—4 号。抽签选出一名儿童做"它"。选中的儿童要闭上眼睛，从 10 倒数到 0。在他数数的时候，其他儿童要蹑手蹑脚地在房间里走来走去，直到选择一个角落站进去为止。当数到 0 时，"它"必须在睁开眼睛之前喊出一个角落的数字。那个角落里的儿童必须回到座位上坐下。选出一个新的"它"并继续游戏。儿童需要抑制自己的各种冲动，包括跑的冲动，在选择好一个角落后改变主意的冲动，以及当"它"时想睁开眼睛的冲动。这个游戏鼓励人们保持警觉，注意细节，保持冷静。

回顾：

1. 你们喜欢这个游戏的哪些方面？
2. 你们感觉如何？
3. 你们有没有想要换个角落？
4. 等着朋友喊出某个数字是不是很困难？
5. 当你所在的角落被选中，你需要回到座位坐着时，你有什么感觉？

自我调节
大本钟

描述： 平衡和节奏是学习的核心要素。当一个学生在空间中缓慢移动身体时，他必须使用感觉、本体感觉、运动知觉和运动节奏来有效地移动。这项活动会在不需要任何技巧的情况下教会我们自我调节。我们只需要去做，比如滚球、传递沙包，等等。

你可能希望与儿童一起探索的相关技能：

- 平衡
- 协调
- 冲动控制
- 运动管理
- 运动计划
- 运动顺序
- 节奏

材料： 舒适的衣服。

准备： "你们都见过那些超级大的钟吗，比如伦敦的大本钟？它们有时针和分针，对吧？好，我们将以一个巨大时钟的精度来每次移动一条腿。我们需要缓慢地做动作，保持控制，否则我们将扰乱世界各地的时间。我们先做好准备姿势。"

开始游戏： "我要指定一天的某个时间。然后，我们要像钟表的时针一样，以 45 度的角度将左腿笔直地向左伸出，并随着钟表的时间移动。然后我们暂停一秒钟换腿，把右腿像钟表的分针一样向右伸出 45 度。"

"我们的目标是整体行动，所以需要关注身边的朋友，以同样的速度行动。我们将使用音乐思维，左腿以二分音符移动，右腿以四分音符移动。我们要一起精确地用身体做出某时某分。"

然后教师或临床工作者说出一天中的某个时间，比如上午 11:10 或下午 4:25，并告诉学生开始！这个活动需要思维、节奏和抑制，非常有趣，这不是军事演习，这是一个运动活动。如果你愿意，可以很快从小组成员或同学中选出一个来指定时间。你甚至可以改变活动，让同伴面对面做镜像动作，甚至让全班同学或小组成员面对面围成一个圈。发挥你的创造力去改变。

回顾：

1. 我们做得如何？
2. 这项活动有什么简单之处？
3. 这项活动有什么困难？
4. 做时针和分针哪个更容易？
5. 作为一个集体，跟上步调和节奏是否容易？
6. 我们可以把这个活动进行哪些改变呢？
7. 下次我们可以做什么变化？

自我调节
火山

描述： 我们对音乐和歌曲的兴趣可以追溯到数万年前。有一些研究人员观察到，唱歌是人类为了感到安全而开始社交和联系的最初方式之一。这个活动是唱一首名为《火山》的歌曲，这首歌旨在帮助儿童对保持冷静的技巧有更好的认识。让儿童坐在座位上，不管是在你的办公室、操场还是教室里，告诉他们你要教他们一首歌，这首歌可以帮助他们控制自己的情绪。这是一首关于火山的歌。

开始游戏： "孩子们，我们要一起唱一首叫作《火山》的歌。这是我和我的孩子们在他们很小的时候一起创作的一首歌。我希望在我们学习这首歌的时候，你们能够创作出你们的歌，并教给全班同学或小组成员。"

歌曲如下：
"火山，火山，我的山顶要爆发了。
火山，火山，你不能帮我停下来。
用我的冷静技巧，帮我深呼吸。
火山，火山，我不会爆发。"

回顾：
1. 你有没有曾经觉得自己像一座火山？
2. 你有没有觉得自己好像要突然爆发？
3. 为了不爆发，你可以做些什么？
4. 你的冷静技巧是什么？
5. 你能说出两种让自己不会爆发的冷静技巧吗？
6. 如果你认识某个经常爆发的人，你会为他写一首什么样的歌？
7. 你会如何教他们唱这首歌？你会只用文字吗？你会用音乐吗？你会用动

作吗?
8. 如果你要写一首关于控制自己的情绪的歌,你会写什么歌词?
9. 把歌词写下来。
10. 给歌词配上音乐。

活动 16

自我调节
节奏球

描述：帮助儿童培养节律感和节奏感，往往可以从教他们如何在操场上拍球开始。具体有两种方式：你可以作为主持者站在儿童的对面或旁边，给他们口头指令，并通过具体的表扬对他们的行为进行强化，针对他们如何拿球、拍球节奏是否一致以及球的落地点是否在指定位置等。如果你站在学生的对面或旁边和他们一起拍球，效果最好。这样可以激活大脑和身体同步的愿望，从而帮助儿童建立一个清晰的节奏。

你也可以使用一些音乐思维的暗示，问一些问题，如"我们可以试试'**缓慢的莫**'吗?""如果我们用'**缓慢的莫**'拍球，听起来会是什么样子?""大家准备好试试'**快速里克**'了吗?"永远记得在适当的时候真诚地赞美儿童。

你可能希望与儿童一起探索的相关技能：

- 平衡
- 协调
- 冲动控制
- 运动管理
- 运动计划
- 运动顺序
- 节奏
- 排序
- 继时性加工

材料：一个直径 21 厘米的操场球 *。

准备：告诉儿童你们将要学习如何拍球。在他们的脚的正前方约 15 厘米的位置画一个大的 X 或一个标识，这样他们就可以从腰部的高度直接将球拍向地面。让他们以准备姿势站好，把球递给他们。

---

* playground ball，一种充气的彩色橡皮球，直径通常为 15 厘米、18 厘米和 21 厘米。儿童可用其进行简单的游戏，或学习控球技巧。——译者注

"现在我们要把球弹起来。双手分别拿着球的两边，然后在身体前面垂直向下推球或拍球，让球落在指定位置。你要尽量保持节奏一致，听起来像 1+2+3+4+"。就像我们之前讨论过的，球下落时说数字，接住球的时候说"和"。随着儿童逐渐掌握动作，不再需要太多的提示，就不需要说"和"了。

开始游戏："来吧，试试看。拍球，非常好，放松肩膀，稍微弯曲膝盖，让球落在 X 上。"鼓励儿童继续拍球，直到形成一致的节奏，称赞他们的频率、速度和努力；你想看到他们以一致的节奏拍球。根据需要示范如何拍球。一般来说，我们发现当我们和儿童一起拍球的时候，他们会感到不那么难为情。

回顾：
1. 你喜欢拍球吗？
2. 拍球时有什么简单之处？
3. 拍球时有什么困难？
4. 你愿意和我传球吗？
5. 假装你是老师，教我怎么拍球。

活动 17

自我调节
翻转和推

描述： 教儿童如何拍球是帮助他们建立节奏和顺序的好方法。我们和数百名儿童一起玩过很多次拍球，发现他们不知道如何有效地拍球，所以我们要教给他们如何"翻转和推"。

材料： 一个壁球。

你可能希望与儿童一起探索的相关技能：
- 平衡
- 协调
- 冲动控制
- 运动管理
- 运动计划
- 运动顺序
- 节奏
- 排序
- 继时性加工

准备： 给儿童演示如何站立，双脚分开与肩同宽，脚趾向前，好像站在一条线上。

开始游戏： 把壁球递给儿童，告诉他我们要练习如何拍球。手掌朝上捧着球，然后转动手腕，将球推向地面。"看，我拿着球，把它翻过来然后推它。"现在儿童可以用自己的球来模仿你的动作。

儿童用右手拍球 8 次，然后把球转移到左手，捧着球然后旋转手腕拍球。和儿童一起数节拍以提示一致的节奏，这样很有帮助。

回顾：
1. 推球而不是扔球，是什么感觉？
2. 控制良好地推球是什么感觉？

3. 你更喜欢用哪只手推球?
4. 你是否喜欢两只手各拍球 8 次?
5. 如果你在教另一个儿童如何拍球,你会怎么做?

教儿童如何用翻转和推球的技术来拍球,可以增强儿童的自尊和自信,因为很多儿童都被期望传球和投球,但从来没有人真正教过他们如何做。只要你教给儿童如何翻转和推球,他们就可以在体育课上、公园里和朋友们一起投球和传球。

自我调节
双人拍球

描述： 儿童有了自己拍球的经验后，他就可以把球拍给同伴。帮助儿童有节奏地拍球是自我调节的基础步骤。自我调节是关于能量管理的，当儿童能以一致的节奏拍球时，他们就能学会如何在其他活动中进行调节，比如均匀的呼吸、瑜伽动作、太极等。

材料： 一个直径 21 厘米的操场球。

你可能希望与儿童一起探索的相关技能：

- 平衡
- 协调
- 冲动控制
- 运动管理
- 运动计划
- 运动顺序
- 节奏
- 排序
- 继时性加工

准备： 让儿童以准备姿势站好，脚趾向前面对主持者。告诉儿童你要在你们两人之间拍球。教儿童如何用左手和右手平稳地持球。

开始游戏： "我们要在我们俩之间拍球。你可以先把球拍给我，我们试着让球在俩人中间形成一个 V 形的运动轨迹。所以，如果你用双手把球推到我们的中间位置，我会接住它，然后把它拍回去。在我们俩人拍球的时候，要试着建立一致的节奏，准备好了吗？好，我们一边做一边数。一，二，三，四。太棒了。每次球离手的时候数数，一，二，三，四。很好。现在，在推球的时候，你要在腰部以上的位置把球推出去，让球落在我们俩的中点，然后我在腰部以上接住球并把球推回给你。很好！"

回顾：

1. 你喜欢拍球吗？
2. 拍球时有什么简单之处？
3. 拍球时有什么困难？
4. 如果你要教别人如何拍球，你会给他们什么指示？
5. 你会怎么给他们做示范？

自我调节
摇摆 V

描述： 有很多方法可以让儿童学会如何拍球。我们在儿童身上观察到，他们会对特定大小的球以及特定类型的拍球产生偏好。有些儿童喜欢用一只手拍壁球，或双手交替拍球。其他儿童更喜欢操场球。拍球既能使人警觉，又能使人平静，因为它能激发身体对节奏的自然倾向。我们曾让儿童带着球去餐厅，帮助他们在等待的时候保持平静；我们曾让全班同学在考试前一起拍球来让他们的大脑清醒；我们也曾在个人治疗、社交技能训练或执行功能训练中先拍 5~8 分钟的球，然后再进行学习模块。"摇摆 V" 是儿童在焦虑或情绪高涨时需要做的一种平静活动。这是一种自然的自我调节方式。

材料： 一个壁球。

你可能希望与儿童一起探索的相关技能：

- 平衡
- 协调
- 冲动控制
- 运动管理
- 运动计划
- 运动顺序
- 节奏
- 排序
- 继时性加工

准备： 告诉儿童以准备姿势站好，因为你们要用一种新的方式拍球。告诉他们要用左手拿球，然后把球在身前的地面上以 V 形反弹到右手。

开始游戏： "来吧，这会非常有趣。现在你要用左手拿球，然后把球在中点弹起来，再用右手接住，就这样让球在双手之间沿 V 形轨迹来回弹。"

"所以这里最难的部分实际上是推球时保持节律和节奏一致，用手掌接住球，然后把它推回去。如果你愿意，可以采用翻转和推的方式。如果你需要提示音来帮助保持节奏，我们也可以在开始时边拍球边数数。"

"你想试试吗？好，开始，把球推到 V 形的中点，就这样，用另一只手接住，漂亮。""我们可以用之前在音乐思维中学到的东西来放慢或加快节奏。等我们掌握了拍球的窍门，甚至可以利用拍球来作曲。"

回顾：
1. 用双手在身前拍球和双手交互沿 V 形拍球，你更喜欢哪一种？
2. 在把球弹起来时，你的身体想前后晃动吗？
3. 站着不动拍球难吗？
4. 你觉得在推球的时候前后摇晃一下会更舒服吗？
5. 这个活动有什么困难？
6. 这个活动有什么简单之处？
7. 如果你要教别人如何进行这个活动，你会给他们什么指示和动作示范，他们才能学会？
8. 你想当老师吗？
9. 你能教我怎样沿 V 形轨迹拍球吗？

自我调节
假想匹克球

描述：通过游戏可以有效地教会儿童注意他人的社交和运动技能。利用他们的"想象力"也是一种有益的学习途径。我们可以玩一系列"假想"的"匹克球"运动游戏，向儿童展示，只要运用我们的想象力，就可以在没有球的情况下玩任何球类游戏。

你可能听说过匹克球：和网球很类似，但是在一个更小的场地上，使用更小的球拍和球网。孩子们都很喜欢它。在这一系列游戏中，我们只用手玩假想的匹克球，不需要球拍。

你可能希望与儿童一起探索的相关技能：

- 平衡
- 协调
- 想象力
- 冲动控制
- 运动管理
- 运动计划
- 运动顺序
- 节奏
- 排序
- 继时性加工
- 视觉工作记忆

材料：舒适的衣服。

准备：问问儿童有没有玩过匹克球。它类似于网球或乒乓球，但我们可以在任何空间、任何时间、任何地点进行这项运动，甚至不需要球、球拍或球网。

在办公室、外面的停车场、人行道，甚至客厅里，你都可以玩假想的匹克球。你所需要的只是一个大约 2 米长、0.5 米宽的空间。

开始游戏："我们要玩一个游戏，我想让你画一个假想的球网。然后我们要把一个假想的球传过球网。你要低手把球从球网上面传过去。我会想象球在地上弹起，然后假装接住它并传给你。我们要放慢速度，保持好节奏。这有点像没有球拍打网球；你的手就是球拍，你只要假装拿着球，把它来回扔过网。明白了吗？我们在运用想象力！"

继续假装传球过网。你可能会听到很多孩子咯咯的笑声，傻乎乎的，甚至还有一点困惑。但一旦你掌握了窍门，就会觉得假想游戏很有趣。在第二课中，你要向儿童解释如果你真的拿着一个球，这个球会是什么样子。

回顾：

1. 这一活动让你有什么样的体验？
2. 游戏过程中你在想什么？
3. 你能想象你手中的球吗？
4. 你在用眼睛跟踪那个假想的球吗？
5. 玩假想的匹克球游戏有什么简单之处？
6. 玩假想的匹克球游戏有什么困难？
7. 如果你要教你的朋友或兄弟姐妹玩假想的匹克球，你会怎么说？怎么演示？

活动 21

自我调节
手掌匹克球

描述： 你已经完成了第一课"假想的匹克球"，在第一课中我们没有用球。现在，在本活动中，我们会增加一个真实的球。有一项研究表明，我们可以利用想象力来学习。我们还可以通过观察、模仿甚至运动记忆来学习。

你可能希望与儿童一起探索的相关技能：
- 平衡
- 协调
- 冲动控制
- 运动管理
- 运动计划
- 运动顺序
- 节奏
- 排序
- 继时性加工
- 视觉工作记忆

材料： 一个壁球。

准备： "我们已经玩过了没有球的假想匹克球。我们画了一个球网，然后把假想的球传过网。现在我们要用一个真实的球来试试这个游戏，看看感觉有什么不同。"

开始游戏： 把壁球递给儿童，让他再画一张假想的球网。告诉他："这一次，我们要把真的球传过假想的球网。我们可以数数来提示节奏。我想知道这个游戏会比把假想球传过网更容易还是更难。"

来回传球。你可能没接到球，但没有关系。把球捡回来，再来一次。来回传球约 20 或 30 次，直到儿童有效地掌握稳定的节律和节奏，并能熟练地将球传过网。这项活动非常有趣，可以探索使用一个真实物体和假想物体之间的差异。奇怪的是，一旦儿童传过、扔过或拍过一个真实的球，他们就可以随时随地玩假想球游戏了。

回顾：

1. 你喜欢这个活动吗？
2. 它和玩假想的匹克球有什么不同？
3. 你觉得这比玩假想的球容易还是难？
4. 你觉得听球的声音能帮助你保持节律和节奏吗？
5. 在传球过网时，你有没有看着球？
6. 我看起来什么样？我看起来像是会接住球的吗？
7. 如果你要教你的兄弟姐妹或朋友做这个活动，你会对他们说什么，你会怎么做？

自我调节
镜像匹克球

描述： 现在你们已经玩过没有球的假想匹克球和有球的手掌匹克球游戏了。儿童注意到了听觉和视觉的线索。这些记忆被储存起来，当再次玩假想球游戏时，他可能会觉得自己能看到球的轨迹，甚至听到它弹跳的声音，即使并没有真实的球。

你可能希望与儿童一起探索的相关技能：

- 平衡
- 协调
- 想象力
- 冲动控制
- 运动管理
- 运动计划
- 运动顺序
- 叙事语言
- 节奏
- 排序
- 继时性加工
- 视觉工作记忆

准备： "我们现在已经玩过假想球和真的球了。我们要再玩一次将假想的球传过网，我希望我们能注意到它和手掌匹克球的感觉有什么不同。"

开始游戏： "就像假装捡球一样，在镜像匹克球游戏里，我们会画出假想的球网，然后把球传过网。预备，开始。"

你们可以对两次活动的差异做一些评论。比如，与第一次玩假想球时相比，现在是不是更像在玩真正的球？即使球不在那里，儿童也能看到球或听到球的声音吗？现在你们可以谈谈视觉和听觉记忆的力量。你们可以讨论运动经验的记忆是如何储存在我们的大脑中的。这使我们在学习和游戏方面有很大的灵活性。你可以扩展这项活动，问问儿童是否愿意尝试假想的毽子或篮球。我们玩了"马"的游戏，感觉很像在玩真正的篮球，而实际上只有一个假想的球和我们的想象力。

回顾：

1. 让我们想想镜像匹克球：它与假想匹克球和手掌匹克球有什么不同？
2. 你是否觉得，在玩过一个真正的球之后，你在玩假想球时感觉更容易？
3. 你能想象出在什么地方玩这个游戏——你能想象在厨房里、外面的人行道上或你家后院玩吗？
4. 你有没有在听那个假想球发出的声音？你真的听到了吗？
5. 当我们把假想球在球网上来回传递时，你看到了什么？
6. 你有没有发现，当你能想象拿着一个真正的球时，你的注意力会更加集中？

活动 23

自我调节
乒乓球

描述： 有时我们需要一些活动，能让我们在较小的空间中教授节律、节拍、节奏和自我调节，比如在书桌前。乒乓球就是出于这种需要而发展起来的。我们曾经在办公室、教室打过乒乓球，甚至有一次在舞厅里和 100 个成人一起打，用的是假想的乒乓球。

你可能希望与儿童一起探索的相关技能：

- 警觉性注意
- 协调
- 抑制
- 冲动控制
- 运动管理
- 运动计划
- 运动顺序

- 叙事语言
- 节奏
- 排序
- 继时性加工
- 持续性注意
- 视觉追踪
- 视觉工作记忆

材料： 给每个儿童发一个乒乓球。

准备： "我们现在要去打乒乓球。这是一个有趣的游戏，我们每人都有一个球，可以在桌子上打。"如果全班一起游戏，指定一名儿童为 A，另一名为 B，这样就可以鼓励团队的同步性。当你们玩过几次这个游戏之后，学生们及时掌握了一起玩游戏的窍门，他们会为自己的成就感到惊讶、自信和兴奋。也可以让儿童分组游戏，每张桌子 4 个人，两边各有两名儿童。这种活动的变化是自然发生的，儿童喜欢创造和领导的机会。

开始游戏： "好，站在桌子两侧，面对你的搭档。其中一个人先开始：你要以特定的节奏弹几次球，然后你的搭档会以相同的节奏弹他的球，次数和你弹球的次数一样多。我们将从一个简单的四拍开始，然后逐渐变得更加复杂。最终，你们要轮流创作不同的组合或模式，你的搭档要模仿你。这里的关键是弹球时要和你的搭档保持一致。所以我们需要保持高度注意。球可能会掉下去滚走。别担心，你只需要安静地把它捡起来，重新开始。"

运用音乐思维来改变你的速度、计数、节奏和组合。你可以从 1-2-3-4 开始，然后对方重复。你也可以数数或提示一下，帮助儿童更好地完成，至少在开始的时候可以这样做。

变式包括（但不限于）：

1-2-3-4 | 1-2-3-4（缓慢的莫）

1-2-3-4 | 1-2-3-4（快速里克）

1-2 暂停 3-4 | 1-2 暂停 3-4（缓慢的莫）

1-2 暂停 3-4 | 1-2 暂停 3-4（快速里克）

1-2-3 1-2-3 | 1-2-3 1-2-3

1-2 暂停 1-2-3 | 1-2 暂停 1-2-3

回顾：

1. 我们做得怎么样？
2. 我们有没有做到团队同步？
3. 你能跟得上你的搭档吗？
4. 你是否做到了适时？
5. 你创作了什么节奏组合？

活动 24

自我调节
我拍手，你拍手

描述： "我拍手，你拍手"是乒乓球活动的一个变式。只需要用拍手的动作创造各种节奏组合或模式，让你的来访者、学生、小组或班级一起来做。给儿童提供机会，让他们形成自己的模式，让每个儿童都有机会当组长。你可以通过添加其他声音来改变拍手的方式，比如轻拍或用力拍。就像我们在本书前面讨论过的，创建一个团体乐队是一项伟大的活动。"我拍手，你拍手"是一项伟大的活动，可以让小组或班级成员重新警觉，让所有人一起合作，在儿童中形成团结的氛围。

本章小结

在本章中，我们探索了与自我调节有关的能量管理的各个方面，希望你们经历了一段美好的时光。如果你一直把这些练习融入你的实践或课堂中，你可能会看到儿童在思维、行为和学习方面发生的变化。

在下一章里，我们将探索如何使用音乐思维来教授数学，特别是加减法的几组基本性质和倍数。但你会很容易地发现，你其实也是在教授语音、词汇、外语、社交技巧、沟通技巧等。

第六章

音乐思维与玩转数学

在我们的工作中,有一个小项目叫"玩转数学"。这是一个以神经认知运动为基础的数学项目,面向世界各地的儿童、学校、临床工作者和教师。

"玩转数学"将神经科学研究与职业治疗、认知科学和运动机能学结合起来。它不是一门课程,而是一种运动数学方法,由罗瑞亚(Luria)、达斯(Das)、卡彭特(Carpenter)、维果茨基(Vygotsky)和弗莱彻(Fletcher)等人创立。在"玩转数学"中,精细运动和大运动交替进行,通过游戏教授数的组合,可以促进对概念数学的理解。

"我们的目标很简单——改变儿童对加减法的几组基本性质(乘法和除法)概念理解的轨迹。"

我们用音乐思维作为节奏工具,通过游戏来教授数学事实和倍数。我们把音乐思维应用到数学中,看看你是怎么想的。

在这一系列活动中,我们将教给你最简单的运动和数学组合策略。在这个过程中，你可以使用其他运动器材、绘画、游戏和创造力，和孩子们一起编排游戏。

不拘一格

简单的基础"玩转数学"概念

教授"玩转数学"可分为 5 个简单的步骤。

1. 建立有节奏的节拍。
2. 镜像数数——拍大球。
3. 跳跃式数数——拍大球。
4. 滑动——移动积木。
5. 重复节拍——拍大球。

对许多儿童来说，每次进行 15~30 分钟的"玩转数学"活动，共 10~20 次，就足以让他们开始运用数学思维。当他们开始取得成功，他们的信心就会增强，想象力和思维技能就会开花结果。

认知提示：记住，我们不是在教学，而是在游戏。

总的来说，你需要：一个操场球，一个网球或壁球，一套 Unifix 立方体，一块 20 厘米 ×30 厘米的标记板（可以平放在桌子上的）。

> **开始了！**

在这一系列活动中，我们将为你提供与儿童一起进行"玩转数学"时的语言和动作。再怎么强调保持童趣和以儿童为中心的必要性也不为过。虽然我们为你提供了语言和动作，但你在游戏和互动过程中要运用自己的沟通技巧和创造力。"玩转数学"可以一对一进行，也可以以小组或班级的形式进行。让儿童两两配对，这样他们就能互相指导和帮助，从而达到最好的效果。对许多儿童来说，"玩转数学"是一种变革性的体验。通过这些活动，我们已经帮助数百名儿童获得了信心，激发了他们对数学的兴趣。

建立节奏

在每一次开始"玩转数学"活动时建立节奏，是"玩转数学"方法的核心。有几个"玩转数学"活动旨在帮助儿童发展更好的运动节奏。有些儿童天生就有很好的节奏，但通常，尤其是当儿童学数学有困难时，他们的听觉节奏和运动节奏排序技能可能需要支持和帮助。

下面的前三项活动是向儿童介绍节奏的方式。节奏活动由一个简单的传球任务开始，过渡到一个更复杂的传球任务，最后以一个粗大运动的拍球任务结束。在第一次和儿童打交道时，我们做的每一项活动都是为了评估他们保持特定节拍的能力，并为他们提供选择，让他们从一开始就有能力成为"玩转数学"

的领导者。你可能已经了解，正如本书中的其他活动，这些活动是灵活的，可以进行调整。因此"玩转数学"中的节奏活动可以用来教授语音、拼写、词汇、外语，等等。

一旦儿童了解了如何建立节奏，你就可以进行"玩转数学"活动了。儿童还可以选择三种节奏活动中的一种作为"玩转数学"的第一步。首先，让我们来看一下这三种节奏活动。

玩转数学
按节拍传球

描述："按节拍传球"是"玩转数学"的第一个动作活动。我们只需要简单地把球从一只手传到另一只手，或者从一个人传给另一个人。这个练习是为两个人编写的，但是学生或来访者可以自己练习，只需将球随着节拍从一只手传到另一只手上。

你可能希望与儿童一起探索的相关技能：

- 警觉性注意
- 协调
- 情绪调节
- 集中注意
- 冲动控制
- 运动计划

- 运动顺序
- 节律
- 排序
- 继时性加工
- 节奏

材料：一个小球，如网球或壁球。

准备："我们现在要传球了，准备好。面对面站着，相距一臂远。我们可以把手臂向前伸，确保两人的手能互相碰到，这就是传球的正确距离。我们来试试。"

开始游戏："现在我们可以传球了；我会左手拿球，然后传给你的右手。""现在，你可以传给我。""好的，我们想要以一致的节奏传球，1-2，3-4"。
　　如果儿童已经学过"音乐思维"，你可以告诉他们你们在按照"二分音符"或"慢拍"传球。

回顾：在"按节拍传球"活动中，我们希望儿童以基本的按节拍传球的技巧开始。这个节拍或节奏是音符，大约每分钟 50 拍。一旦他们能够以"慢"的节奏缓慢而持续地传球，你就可以把节奏提高到"快"的速度，也就是四分音符。你知道，本书中的四分音符是每分钟 85 拍。

　　练习按照四分音符来回传球。如果儿童在每次你把球放在他的手上，他又把球传回来的时候很难保持这个节拍，你可以用口头提示来支持他的动作，你可以数数，1-2-3-4；1-2-3-4。你也可以用节拍器来确定节拍。当儿童能够随着节拍传球时，你们就可以进入活动 2。

玩转数学
按节拍传球——方形轨迹

描述： 通过"按节拍传球"活动中的单手往返传球，我们已经建立了节奏。现在，我们要进一步扩展儿童按节拍传球的能力，教给儿童如何沿方形轨迹传球。

你可能希望与儿童一起探索的相关技能：

- 警觉性注意
- 协调
- 情绪调节
- 集中注意
- 抑制
- 冲动控制
- 运动计划
- 运动顺序
- 节律
- 排序
- 继时性加工
- 持续注意
- 节奏

材料： 一个小球，如网球或壁球。

准备： "现在我们要沿正方形轨迹来传球，准备好。面对面站着，相距一臂远。我们可以把手臂前伸，确保两人的手能互相碰到，这就是传球的正确距离。我们来试试。"

开始游戏： "现在我们可以传球了，我会左手拿球，然后传到你的右手，你再传到自己的左手，然后将球传到我的右手。然后我会按照同样的方式再把球传给你。""边传球边数数，1 传给你，2 从你的右手传到左手，3 从你的左手传到我的右手，4 从我的右手传到我的左手。""我们用的节拍是二分音符，我们可以数 1、2、3、4……""我们来试着做 4 次。"

回顾： 这项活动有点复杂。如果儿童不容易做好，你可以使用节拍器或和儿童一起数节拍。让儿童和你一起数节拍非常重要。在这项活动中，儿童越积极主动，就可以越快地掌握节奏。如果是小组或班级活动，你可以让儿童和搭档一起数节拍。

现在儿童已经理解了节拍的感觉，他们已经准备好去拍操场球了。

玩转数学
按节拍拍球——拍大球

描述： 儿童现在已经有了随着节拍传球的经验。我们准备做一个难度稍大的动作，用拍球来代替传球。拍球需要更好地把握节奏，这也是一个大动作运动，需要身体的更多部位协同工作。

如果你愿意，如果你觉得设置一个目标可以帮助儿童或学生更好地管理空间，可以用蓝色胶带在地面上贴一个大的 X，约 20~30 厘米。有些儿童不能想象出你们两人之间的线，以及他们要拍球的平面。X 的标记可以作为一个很好的视觉提示。随着时间的推移，你们将不再需要 X 这个标记。

你可能希望与儿童一起探索的相关技能：

- 警觉性注意
- 协调
- 情绪调节
- 集中注意
- 抑制
- 冲动控制
- 运动计划
- 运动顺序
- 节律
- 排序
- 继时性加工
- 持续注意
- 节奏

材料： 一个操场球。

准备： "你做得太棒了！我们现在要把这个大球弹起来。以准备姿势站好，彼此面对面，双脚向前。我把球拍给你，你再拍回来。""我在地板上贴了一个大大的 X，我们来回拍球的时候要瞄准 X。"你应该可以自然地找到和学生之间的适当距离；如果没有找到，尝试约 1.2 米的距离，并根据学生的需要和能力来增加或缩短距离。

开始游戏："我们之间有一个点，我用 X 做了标记，看到了吗？我们要沿着 V 形轨迹互相拍球，球落地时要击中中间的 X。X 的作用是帮助我们保持一致的节奏。我们先来数 1、2、3、4，按二分音符拍球。来试一试。"

"太好了。现在我们可以一边拍球一边数数。想象我们把球推到 X 点上，在推的同时数数。我们来试试。"

"为了为练习数字做好准备，我们要在推球的时候交替数数，我说 1，你说 2，以此类推。"

现在学生和老师交替数数，互相把球拍向对方。然后老师要鼓励学生做指导者。我们不止一次地发现，当儿童成为指导者时，他们学习得更快，对活动也更加投入。

"还有一件事，当你是领导者的时候会更有趣。现在你来开始数数，我跟着你；我们交替数 1、2、3、4。我们试着用两种方法，所以我们会数两次 1—4。准备好了，你是领导者，开始吧。"

"干得好，我们准备好加入一些数学了。"

回顾： 反思儿童建立平稳一致节奏的能力。儿童能把球沿直线拍出，在你和他之间形成 V 形轨迹吗？儿童拍球时有没有数数？

现在你可以用三种不同的活动来帮助儿童建立清晰一致的节奏。你可以问问参加"玩转数学"的儿童，他们想要如何在每次"玩转数学"之前建立节奏。大多数儿童会选择一种最喜欢的方法，然后你们就利用这项活动进行镜像数数和跳跃式数数，可以是"按节拍传球"或"按节拍拍球"。

下一步：镜像数数

从根本上说，节奏是"玩转数学"的核心。我见过成百上千的儿童，尤其是那些有学习困难的儿童，他们经常不能保持一致的节奏，即便是非常简单的节奏。因为节奏是注意力集中的核心，而注意力集中是学习语言所必需的一种基于生物学的技能，所以我们将节奏与精细动作和大动作运动相结合，取得了惊人的效果。听觉-运动同步是指运动动作与外部听觉节拍保持一致的能力，它是学习的一个重要组成部分。所以我们用拍球、拍手甚至敲鼓的方式，将节奏运动的自动性作为"玩转数学"的核心特征。

在下一节中，我们将探索如何交替使用拍大球（或传递壁球，如果学生喜欢）和移动小积木来学习计数和数学。

每次和儿童进行"玩转数学"活动时，总的来说，我们会分5个简单的步骤。这些步骤的一致性很重要，因为如果儿童掌握了这种方法，就能增加儿童的活动参与度，也可以提高他们的信心和学习效果。

1. 我们要建立节奏。
2. 一旦形成了良好的稳定节奏，我们就会问儿童是否愿意和我们一起镜像数一个数。
3. 接下来我们在数数时跳过这个数。
4. 当我们遇到困难或不知道下一个数字是多少时，我们会坐下来，从左到右移动积木，"看看"这些数字。
5. 最后我们会"重复节拍"。在学会了跳数序列中的几个数字后，我们会再次站起来进行跳跃式数数。每次我们从拍球转换到移动积木，儿童就有机会激发更多的神经元，从而促进记忆编码和存储。

很多时候，我们会连续几天用特定的数字做游戏。我们会一直等到儿童掌握了按照加减法的几组基本性质进行顺序跳跃式数数 (例如，3-6-9-12-15-18-21-24-27-30)，然后再用下一个数字做游戏。当儿童能够更熟练地使用积木和球进行跳跃式数数时，我们甚至可以按照这种规律进行倒序数数。我们可以玩积木，看看数字是如何组合在一起的。这是一个有机的过程，我们会随着儿童的学习程度推进。如果儿童观察到 3 和 6 之间的关系，可能会说两个 3 相加等于 6，我们可以把积木堆起来，看看它们是如何组合在一起的。我们可以把两个 3 放在 6 上面，然后看到两个 3 变成了 6。儿童喜欢观察数字之间的关系，从而理解数学事实和因素。

我们会慢慢来，享受游戏，享受乐趣。我们知道，大脑会通过激活更多的神经元对认知和运动活动做出反应，为记忆创造更好的"高速公路"，所以我们相信这个过程，慢慢来。

> 现在我们准备好进行镜像数数了。

玩转数学
镜像数数

描述： 虽然你可能习惯于从 2 的倍数开始进行镜像数数或跳跃式数数，但在"玩转数学"中，我们从 10 的倍数开始，然后是 5。为什么？因为大多数儿童在学习 2 的倍数之前，会在日常生活中先学会如何进行 10 和 5 的倍数的跳跃式数数。许多 5 岁的儿童可以轻松地进行 10 的倍数的跳跃式数数；他们常常在上学前就在生活中或与家人的互动中遇到这种活动。从认知上讲，大脑最容易理解的跳跃式数数的顺序是 10、5、2、3、4、6、7、8、9 的倍数。

一旦建立了节奏，教师或临床工作者就可以介绍镜像数数。我在这里提供的例子都是 10 的倍数。你可以将这些指导语和动作概括应用到 5、2、3、4、6、7、8 和 9 的倍数上。

你可能希望与儿童一起探索的相关技能：

- 警觉性注意
- 协调
- 情绪调节
- 集中注意
- 抑制
- 冲动控制
- 运动计划
- 运动顺序
- 节律
- 排序
- 继时性加工
- 持续注意
- 节奏

材料： 一个操场球。

准备： "我们已经掌握了节拍。听起来很不错。现在我们要加上一些数字。在推球的时候，我会说一个数字。当你把球传回来时，要重复我说的数字。我们要边拍球边在重拍的时候说出数字。"虽然我们在这一节中写的是在两人之间沿 V 形轨迹

"拍"球，但是记住，你可以让儿童选择传球、沿正方形轨迹传球或拍球。这样有助于你将"玩转数学"方法与每个学生的需要、兴趣和动机相匹配。个性化的活动和为儿童提供的选择可以赋予他们力量，给他们信心。

开始游戏："准备，10 (10) 20 (20) 30 (30) 40 (40) 50 (50) 60 (60) 70 (70) 80 (80) 90 (90) 100 (100) 。""做得好！很快你就可以教我了！"

用球在你和儿童之间弹出一个漂亮的V形。在你们拍球的同时说10，然后20、30，以此类推，直到100。记住，数字要按节拍说。如果你们在球离开手时开始说数字，这个节奏通常容易掌握，也容易被大脑所接受。

有时候你们可能会没接到球，那就愉快地去把它追回来。这是放松的过程，重在参与。接下来，你们要以10的倍数进行跳跃式数数，然后打开积木。记住，一旦你被"卡住"了，只需要切换到基础的表示10的积木，然后"滑动"积木就可以看到并说出这个数字。

玩转数学
跳跃式数数

描述： 当儿童能够熟练地和你进行 10 的倍数的镜像数数时，你们就可以开始下一步，10 的倍数的跳跃式数数。看，超级简单吧？

你可能希望与儿童一起探索的相关技能：

- 警觉性注意
- 协调
- 情绪调节
- 集中注意
- 抑制
- 冲动控制
- 运动计划
- 运动顺序
- 节律
- 排序
- 继时性加工
- 持续注意
- 节奏

材料： 一个操场球。

准备： "之前我们做得非常好，现在我们可以试着换一下数字吗？我说 10，你说 20，以此类推？我想我们能做到。现在我们来搭一些积木，看看 10 的倍数是什么样子的。"

开始游戏： 在你和儿童之间以非常稳定的节奏拍球。在拍球的同时说 10，然后 20、30，以此类推，直到 100。这个过程会有很多欢笑！玩得很开心！当儿童表现出自信时，你可以把球传给他，让他来当领队。当你们数到 100 时，可以去玩积木，通过精细动作的运动、触觉记忆和视觉来强化学习。我们来看一下"滑动积木"活动，这对你们来说是一个简单的过渡。

活动 6

玩转数学
滑动

描述：在"玩转数学"中，我们交替进行两种活动，拍球的同时进行跳跃式数数，以及滑动摆放在标记板上的基础的表示 10 的积木。你们可以想象成把球拍到一张带两把椅子的桌上或一个平台上，地板也可以。我和儿童在操场上、在学校后面，甚至在游泳池里都做过"玩转数学"活动。

你需要为儿童提供一些表示 10 的积木用于此活动。在尝试了许多表示 10 的积木之后，我发现儿童最喜欢 Unifix 立方体。传统的表示 10 的积木都是可以连接的，可以用于 2、3、4 等的倍数。如果你有这些积木，当然可以用。我还建议你试试 Unifix 立方体或学习立方体（Learning Cubes）。

Unifix 立方体作为单独的单元，一块立方体代表 10。例如，如果我们在玩 10 的倍数的游戏，我们需要"建构这些数字"。在认知科学中，构建了 10—20 个单元的时间被认为是"巩固时间"——让大脑暂停工作，休息一下，储存它一直在练习和学习的东西。这种暂停对教师（临床工作者）颇有益处，对他们与学生（来访者）的关系也有好处，因为它提供了一段休息、聊天和一起工作的时间，能够产生一些在"玩转数学"的过程中会用到的一些东西。

你可能希望与儿童一起探索的相关技能：

- 警觉性注意
- 协调
- 情绪调节
- 集中注意
- 抑制
- 冲动控制
- 运动计划
- 运动顺序
- 节律
- 排序
- 继时性加工
- 持续注意
- 节奏

材料： Unifix 立方体或小的单个单元积木。

准备： 要进行"滑动"游戏，你需要和儿童一起坐在桌子旁或地板上，儿童要摆放好后面要滑动的数字条块。比如 10 的倍数，因为这是我们在之前的镜像数数和跳跃式数数中用过的数字。

开始游戏： 教师说："我们来搭建 10 的倍数，看看它们是什么样的。这是一些积木；把它们放在一起，10 的条块，共 10 个单元。""来，我来帮你。"你们都摆好了 10 的条块，然后把它们放在标记板的左边。根据儿童对 10 的倍数的掌握程度，你们可以摆放一些 10 的条块或所有的 10 的条块。

"看，每个条块是 10 个独立的单位，所以每个条块是 10。现在我们一次向右滑动一个条块，边滑边数 10 的倍数。这样，你来滑动积木，我们一起数数。10、20、30、40、50、60、70、80、90、100！太好了！ 10 的倍数只是个开始；等我们数到 6、7、8、9 的倍数时，你就会了解顺序和倒序数数。"

如果一个儿童卡住了，不知道下一个数字，他可以用食指来数积木。我们鼓励触摸和数积木，因为这种多感官活动激发的神经元不同于仅仅使用大脑的视觉中枢。我们还尽量让儿童从数手指转变到实际触摸积木，因为这样有助于他们在进行心算时在脑海中"想象"（看到）积木。

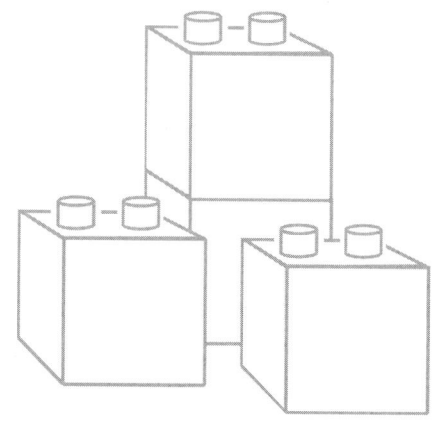

活动 7

玩转数学
重复节拍

描述： 儿童现在已经有了跳跃式数数、镜像数数和滑动积木数字的经验。现在是时候通过再次拍球来增强他们学习的自动性了，这次是四分之一音符，因为他们正在回忆学过的东西。

回到活动 5，你要站在儿童对面，互相拍操场球，同时用你们学过的数字进行跳跃式数数。

认知提示： 记住，根据儿童的具体情况，你们之前可能只跳跃式数数或滑动积木到 40 或 50。无论你们之前学习到哪个数字，只需要重复节拍进行到那个数字即可。有时，特别是当数字比较大的时候，我们会花几节课来完成这 5 个步骤，慢慢地增加一两个数字。我们不想让儿童的工作记忆超负荷；我们希望花时间让儿童记住数字，以增强记忆力和自动性。所以，慢慢来，在儿童已经学会的基础上，再多学几个数字。

你可能希望与儿童一起探索的相关技能：

- 警觉性注意
- 协调
- 情绪调节
- 集中注意
- 抑制
- 冲动控制
- 运动计划
- 运动顺序
- 节律
- 排序
- 继时性加工
- 持续注意
- 节奏

材料： 一个操场球。

准备： "你们做得太棒了！我们要再拍一次大球，练习我们学过的数字。以准备姿势站好，面对面，双脚向前。我把球拍给你，你再拍回来。我们要进行跳跃式数数，练习之前学习过的数字规律。我们先来顺序数数，然后可能会增加一些趣味，倒着数这些数字。"

开始游戏："我们一直在玩 10 的倍数。最开始是镜像数 10 的倍数，然后是跳跃式数 10 的倍数，接着我们玩了用积木滑动 10 的倍数。我们在学习 10 的倍数时，使用的都是二分音符。现在我们要再次进行 10 的倍数的跳跃式数数，边数数边拍球。当我们感觉已经记住了这些数字时，就可以加快拍球的速度，使用四分音符。我们来试一试。你可以当领队，准备：10、20、30、40、50、60、70、80、90、100。"

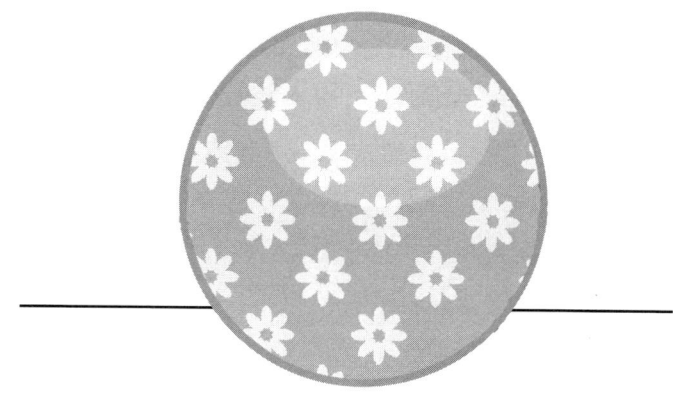

本章小结

现在你们已经了解了基本的五步法,你们可以用 10 的倍数、5 的倍数做游戏,然后用 2、3、4、6、7、8、9 的倍数。这个过程可能需要几周或几个月,取决于儿童的起点,以及他们学习和记忆的能力。慢慢来,玩得开心点,让儿童每天教你几分钟。随着儿童的概念数学逐渐自动化,这一过程为各种高级策略奠定了基础。你们可以继续玩加减法基本性质的游戏,可以对已经熟记的数字序列进行倒序跳跃式数数,可以用积木向儿童展示乘法和除法是相反的,等等。关键是你们使用了一种多感官的基于运动的策略,帮助儿童以一种新的方式体验加减法的几种基本性质,并提高概念思维和创造性思维。

"玩转数学"是一种极好的方式,让儿童通过运动来学习,同时减少焦虑,增加知识。享受游戏的乐趣,编排游戏,倒序数数,做了乘法之后也可以应用策略进行除法练习。

结语

在我们每个人的生活中，都有激情、兴趣、事业或活动，鼓励我们每天带着改变现状的愿望起床。我们的主要兴趣是帮助儿童理解他们的大脑是如何工作的，这样他们就能更多地体验到学习的主动性，学习对他们来说不再那么神秘。在过去的30年中，我们和儿童一起做游戏，他们教给我们的比我们教给他们的还要多。我们向所有和我们一起工作过的可爱的儿童表示深深的感谢。你可以和我们分享这种感觉。我们在本书中所做的就是组织、系统化并纪念我们在办公室和学校与儿童一起创造的游戏，这样儿童就可以在各种各样的环境中进行这些活动。无论是在南非的小镇，还是在太平洋的小岛上，这些活动大多只需要爱和想象力，所以，所有希望成长和学习的儿童都可以做这些活动。我们希望你接受这些活动，利用它们，适当地调整并分享。我们一起努力就能有所作为。

怀着最深切的感激，我们感谢你对儿童的关爱！

琳恩·肯尼

丽贝卡·科米齐奥

参考文献

Albert, N. B., Robertson, E. M., & Miall, R. C. (2009).The resting human brain and motor learning. *Current Biology, 19*(12), 1023–1027.

Alexander, A. W., Slinger-Constant, A-M. (2004). Current status of treatments of dyslexia: Critical review. *J Child Neurol.*, *19*, 744–758.

Anderson, P. (2002). Assessment and development of executive function (EF) during childhood. *Child Neuropsychology*, *8*, 71–82.

Barkley, R. (2012). *Executive Functions: What They Are, How They Work, and Why They Evolved*. New York: Guildford Press.

Barros, R. M., Silver, E. J., & Stein, R. E. K. (2009).School recess and group classroom behavior. *Pediatrics, 123*, 431–436.

Bialer, D., & Miller, L. J. (2011). *No Longer A SECRET: Unique Common Sense Strategies for Children with Sensory or Motor Challenges*. Arlington, Texas: Sensory World.

Biel, L., & Peske, N. (2009). *Raising a Sensory Smart Child: The Definitive Handbook for Helping Your Child with Sensory Processing Issues*. London: Penguin Books.

为了环保，也为了节省您的购书开支，本书参考文献不在此一一列出。如果您需要完整的参考文献，请联系 1012305542@qq.com 下载。您在下载中遇到什么问题，可拨打 010-65125990 咨询。

致谢

我花了三年时间来写《给儿童的 70 个游戏活动》这本书,在这一过程中,我很享受来自导师、同事、来访者和家人的充满欢乐的反馈,他们启发、引导和帮助我开发了这些活动。在办公室、操场、网球场,甚至游泳池,我都用过这些活动,最初我只是一名学生,后来成了一名儿童心理学家。自 1985 年以来,我一直在开发这些活动,但没有一项活动是我一个人创造的。它们都是在精神上或有意义的持久关系中被创造出来的。

首先感谢我的先生和孩子们,三年来,他们一直看着我每天早上 4 点起床,为这些活动写作、画画、游戏和拍摄,我用自己最满怀爱意的心感谢他们的耐心、支持和关心。我给他们看了一份又一份草稿,让他们做一些活动,甚至让他们的朋友参与我们拍摄的大量视频,以帮助临床工作者、教师和儿童"看到"这些活动,而不仅仅是阅读文字。当我想到我的先生里克时,我永远都会微笑。里克是我所认识的最好的心理治疗师,他会用一只眼睛看着棒球,另一只眼睛看着手机上的文字和图形。里克从来没有说过"现在不行,我很忙",因为他知道,我的心和灵魂都在这件事上,我怀着一种燃烧的激情,要重塑我们与儿童互动、教育和帮助儿童的方式。

如果没有我的父亲,这一切都不可能实现,因为几十年来,他一直是商界和教育界女性的支持者。

随着神经科学和认知科学的研究向教育和心理学的方向发展，我的工作也逐渐聚焦于运动、认知和执行功能。非常感谢诸位教授、临床工作者和同事花时间指导、启发和引导我的专业发展。我的目标是为儿童的健康和幸福做出积极的贡献，向他们致敬。

许多作为研究人员和临床工作者的重要专家对个体发展做出了贡献。在早些年，Virginia Ford 博士、Dick Cone 博士、John Callaghan 博士和 Justine Gilman 博士教会了我很多关于人性的东西，认识他们使我成为一个更好的人。在研究生培训期间，Ed Shafranske 博士、Carl Hoppe 博士、Ron Schouten 博士、Annette Brodsky 博士、Karen Saywitz 博士、Allen Brown 博士和 Kathy Gilbride 博士向我强调了将研究与实践结合的必要性。在 1994 年获得执照时，我仍在 Raun Melmed 博士、Gary Perrin 博士、Paul Beljan 博士、Laura Wingers 博士、Alison Reuter 博士、Koren Ganas 博士和 Ron Fischler 博士的智慧中继续学习和成长。现在，在获得执照 22 年后，我有幸与全世界致力于改善儿童生活的研究人员、科学家和实践者结为校友。Wendy Young、Nacho Arimany、David Nowell 博士、Martin Fletcher 博士、Mary Murray、J.P. Das 博士、Sue Atkins、Annie Fox、Sue Milano、Troy Bales 博士、Lauren、Zimet、Dina Beauvais、Paul Rosengard、Ellen Dodge、Beth Onufrak 博士、Lorraine Allman、Jack Hirose、Laura Hirose、Meg Mickelson-Graf、Stacey Fretheim、Diana Vigil、Ann Alexander 博士、Jane Lawyer、Michele Borba 博士、Alex Doman、Deborah McNelis、Kim Palmiotto 博士、Gina Madrigrano 博士、Cathy Dees、Abby Dees、Paul Kelly、Alexandra Brousseau 博士、Maureen Martin、Sheila Allen、Gill Connell、Dana Herzberg、Cheryl McCarthy、Emily Roberts、Jan Katzen、Chris Willhite、Carol

Kenney 博士、Marlaine Cover、Amy Bubier、Shea Schwartz 和 Susan Link 只是我众多朋友和同事中的一小部分，我和他们有过许多宝贵的交流和变革时刻。

写这样一本书不是靠我个人的努力，而是社区的努力,包括家庭、学校、教师、导师和研究人员。我和许多关心我的同事分享了一些活动，其中包括丽贝卡，她点燃了一堆火，为我提供能量来完成这本书，同时她还贡献出了在斯坦威奇学校用过的活动，这些活动的目的是提升学生的执行功能和社会性－情绪技能。丽贝卡的专业、正直和勤奋是无与伦比的。即使在她满负荷工作的日子里，在她慈爱地养育她的 4 个孩子时，每次当我有问题咨询时，她都能很快回答。你正在为学校心理学领域做出有意义的贡献，丽贝卡和我热情地期待见到你将这些活动教给你的学生，还有那些你与你的学生在未来将会创造的活动，这样我们就可以让儿童更多地专注于认知、社会性－情绪、学习和行为技能的发展。

琳恩·肯尼，心理学博士

我深深地感激那些在我的职业生涯中教导和帮助过我的人。我在爱纳大学学习学校心理学研究生课程时，Katherine Zaromatidis 博士是一位了不起的老师、榜样和支持者。当生活对我的学习产生影响时，她在我身边支持我，给我时间处理事情，让我可以继续取得成就。她可能没有意识到，她在困难时期给我的鼓励是如何产生了巨大的影响，并让我对最富有同情心的学校心理学家可能是什么样的有了一个奇妙的想法。在一年的实习期中，我遇到了有才华且非常专业的导师，他们对我的工作要求很高，也用他们的智慧和指导来花时间和精力帮助我。我很感激能在两位杰出的学校心理学家的指导下工作，他们是 Venessa

Green-Davis 和 Kristin Arita。我非常感谢我在学校心理播客（School Psyched Podcast）的同事，Rachael Donnelly、Eric Elias 和 Anna Smith，我可以对他们倾诉，向他们提问，寻求他们的咨询和合作。他们每个人都非常专业、知识渊博，且乐于助人。

我在一所令人难以置信的独立学校工作，和我一起工作的还有最敬业的专业教育工作者，我非常感谢他们在照顾和教育儿童方面的持续合作、启发和积极关注。康涅狄格州格林威治的史坦威奇学校的教职工是我所知道的最好的员工之一。我很荣幸能和斯坦威奇大家庭的家人一起工作，尤其是我的学生，他们是我日常的灵感和动力源泉，让我成为最好的自己。我要感谢我亲爱的朋友 Katia Scoli，在我们一起长跑的漫漫长路中，她听我讲述了我对学校心理学的热爱。凯蒂比其他任何朋友都更善于倾听和关心。

对于我的家庭，如果没有每天都带着家人充满力量的爱，我就不可能全身心地投入工作中。我的4个漂亮的孩子激励我尽自己最大的努力，用勇气和希望接受每一个挑战。首先，我是他们引以为傲的母亲，我很感激这份爱给了我力量和勇气。我亲爱的先生理查德，用他所有的一切来支持和关心我们，他是一个努力工作、勇于奉献和持续个人成长的榜样。我的感恩清单包括所有我有幸称之为朋友的人。正如拉尔夫·沃尔多·爱默生所说："友谊的光辉不在于伸出的手，不在于亲切的微笑，也不在于结伴而行所带来的快乐；它是一种精神上的鼓舞，当你发现别人信任你并愿意与你建立友谊时，你就会受到这种鼓舞。"感谢我亲爱的朋友们对我的信任，并把你们的友谊托付给我。

当然，如果没有我的朋友兼合作者琳恩·肯尼博士，感恩清单就称不上完整。琳恩对支持儿童和家庭的热情完全感染了我并引起了我的共鸣。我很幸运，她是我的导师和朋友。她善良，有才华，有能力，一直致力于创造不同。

最后，我永远感谢我的第一位老师和导师，我的父亲Dibyendu Roy Choudhury。他曾经是一位教授，后来从商。他从来不会因为觉得问题不重要而置之不理，也从来不会仅仅给出答案，而是用耐心和爱心来引发对话。我很幸运，在我的一生中得到了这么多的爱和支持。

丽贝卡·科米齐奥，文学硕士，教育硕士，美国认证学校心理学家